会计心理导向教学

KUAIJI XINLI DAOXIANG JIAOXUE

◎严水荷　著

ZHEJIANG UNIVERSITY PRESS
浙江大学出版社

图书在版编目（CIP）数据

会计心理导向教学 / 严水荷著. —杭州:浙江大学
出版社,2017.8
　　ISBN 978-7-308-17273-8

　　Ⅰ.①会… Ⅱ.①严… Ⅲ.①会计人员—应用心理学
—教学研究—中等专业学校 Ⅳ.①F233

中国版本图书馆 CIP 数据核字（2017）第 196778 号

会计心理导向教学

严水荷　著

责任编辑	杨利军　沈巧华
责任校对	陈　翩　韦丽娟
封面设计	杭州林智广告有限公司
出版发行	浙江大学出版社
	（杭州市天目山路 148 号　邮政编码 310007）
	（网址：http://www.zjupress.com）
排　　版	杭州中大图文设计有限公司
印　　刷	杭州日报报业集团盛元印务有限公司
开　　本	710mm×1000mm　1/16
印　　张	11.25
字　　数	195 千
版 印 次	2017 年 8 月第 1 版　2017 年 8 月第 1 次印刷
书　　号	ISBN 978-7-308-17273-8
定　　价	35.00 元

浙江大学出版社发行中心联系方式:0571－88925591;http://zjdxcbs.tmall.com

自　序

歌德说过："没有人事先了解自己到底有多大的力量，直到他试过以后才知道。"心理学家研究发现人具有巨大的潜能，人的大脑皮层约有 140 亿个神经元，心脑潜能的开发具有难以想象的可能性。联合国教科文组织国际教育发展委员会在《学会生存：教育世界的今天和明天》一书中，总结了全球关于大脑的研究成果："近几年，我们在大脑的研究和生物化学科学方面所取得的突破，已经使我们更加清晰、更加客观地理解了人类的行为、心理机制和学习过程。这些新发现显示了一个惊人的事实：人的大脑中还有很大一部分潜力未曾加以利用，而且根据某些权威多少带点武断的估计，这种未曾利用的大脑潜力竟高达90％。"这些都说明了人具有巨大的潜能。2011 年，"最美妈妈"吴菊萍，以惊人的速度奔跑并用双手奇迹般地接住了从 10 楼坠落的小女孩。有文章分析，当母亲看到自己的孩子甚至别人家的孩子遇到危险时，出于保护后代的本能，会瞬间爆发出巨大能量，甚至可以抬起重达一两吨的汽车并救出压在车底下的孩子。可见，人体内存在巨大潜能。

努力挖掘潜能让学生实现最好的发展是教师的神圣使命。人的潜能如地壳下炽热的岩浆，一旦通道被打开就将喷涌而出，甚至如剧烈的火山喷发。一个优秀教师除了传授知识外，更重要的责任是利用有效的教学手段去引导和帮助学生打开这个通道，让学生的潜能得以释放。怎么打开这个通道呢？我认为释放潜能的力量来自学生的自信心。正如萧伯纳说的："有信心的人，可以化渺小为伟大，化平庸为神奇。"自信心是一个人对自己能力的信任，自信心是撬动潜能的杠杆，是打开潜能宝库的金钥匙，它能激发人体中蛰伏的潜能，创造奇迹，将不可能变为可能。一个有自信心的人往往是一个敢于尝试、敢于挑战的人，这样的人能激发自己的潜能，打开成功的大门。

缺乏自信心是中职生心智模式中一个较大的问题。很多学生缺乏自信，不知道人生目标是什么，对学习没兴趣，厌学。这种缺乏自信的心智模式压抑了学生的学习潜能,成为影响学生自我发展和提高中职教学质量的巨大障碍。

那么如何实现中职学生的优质发展呢? 从心开始,改善心智,树立自信,释放潜能。一个心智健全的学生,往往也是一个充满自信和活力的学生,他将培养自己形成强大的学习内驱力,使自己的潜能大放异彩。教育的过程从本质上讲就是一个改善心智模式、培育学生自信心、挖掘学生潜在能力并促其实现自我发展的过程。教师首先要在思想上真正做到以学生为本,由衷地尊重学生、爱护学生,为学生的点滴进步而高兴。其次要以激发潜能作为教育的出发点和落脚点,遵循因材施教的原则,从学生心理问题入手,将心理教育和专业教学有机结合,以"心教"促"技教",以"技强"促"心强",让学生自信起来,主动起来。具体来说,教师要通过系统的、有效的教学组织和设计,帮助学生认识自我,认清自己的长处和不足,明确努力方向,提高抗挫能力;引导学生发现自我,发现自己与众不同的地方,发现自己身上尚未被发掘的潜能,增强自信;帮助学生发展自我,通过心理教育理念和方法在专业教学各个环节有针对性地运用,让学生在不断的积累中,认识自己的价值,实现从"不想学、不愿学"向"我要学、主动学"的自我飞越,开创属于自己的发展空间。总之,教师要通过心理教育与专业教学的相互交融、相互促进,改变学生的心智模式,建立学生的信心,激发学生的潜能,实现高效教学,促进学生全面发展。

本书以改善心智模式、培育学生自信心、挖掘学生潜能、提高教学成效为出发点,以学生个体的自我实现最大化为目标,将专业教学与心理教育融会贯通,从教育理念、理论依据、心智改善、教学组织、多元评价等方面,结合笔者对中职教育的认识和思考,进行了较为系统的阐述,希望对读者有一定的借鉴作用。由于本人水平有限,谬误之处在所难免,希望读者批评指正。

严水荷

2017 年 5 月

目 录

第一章　会计心理导向教学的基本理念

关注心灵的教育才具有生命力。

——题记

"师者,所以传道授业解惑也。"老师的最大作用莫过于帮助学生解决人生之惑、心智之惑。中职会计专业面向的受教育群体,具有特殊的心理特点,教育者要牢固树立以人为本的教育理念,立足学生全面、长远发展,尊重和爱护学生,关注学生非智力因素的培养,坚持以学生的心理需求和发展为导向组织教育教学活动,充分激发学生的学习潜能,推动学生幸福、全面成长。

一、教育是人学

教育是什么? 教育的目的是什么? 一切教育行为的出发点和落脚点又是什么? 作为一名耕耘在教育一线的教育工作者,我对教育的思考从未停止过。

教师如果不把教育的本质问题搞清楚,工作将会是盲目的,教师的良苦用心很多时候不但得不到满意的效果,反而适得其反。中学时期我很崇拜一位老师,他知识渊博,激情飞扬,我非常喜欢听他的课,更喜欢试卷讲评课上他分发考卷的方式。老师在每个单元教学结束时都会组织单元测试。每次测试后老师都会从分数最高者到最低者挨个高声公布成绩,报到名字的同学上讲台领试卷。因为我的成绩优异,通常不是第一个就是第二个上讲台领试卷,每次领回试卷时内心都非常激动,情绪高涨,期待着下一次考试,下一次发卷。按名次领试卷带来的成就感产生了一股强大的情感力量,使我对学习劲头十足。我一直以为其他同学也跟我一样那么喜欢这个老师。直到我也当上教师,才发现事实并不是我想的那样。那是在班会上,我让学生说一说自己喜欢的老师是什么样子的。有的说有爱心,有的说风趣幽默,有的说有真才实学……轮到小莉的时候,她眼神充满愤怒地站起来埋怨道:"我很讨厌那个老师。因为每次测试之后,他都要按成绩高低排名,排名也就算了,更让人讨厌的是,他要从高分到低分一个个报名字,让我们一个个上讲台领试卷。每次发考卷对我来说简直就是受刑,就像赤身裸体地站在全班同学面前一样,我的心、我的自尊一次次被碾碎。我看到他就很反感,更不要说认真听他的课了,成绩自然是一日不如一日了。"听着小莉的讲述,我的心充满了疑惑,小莉说的老师莫非与我当年最喜爱的老师是同一个人?放学后,我找小莉聊天,果真我们来自同一所学校,她所说的老师就是我曾经最崇拜的老师。

小莉还告诉我,讨厌他的学生可多了,班里至少有三分之一,因为老师眼里,只有几个成绩好的学生,压根不知道其他学生的想法。对于她说的这个情况我感到意外。在一次同学聚会时,我专门提出对老师的印象的话题,请大家谈谈感想。果真如小莉所说,很多同学都很反感那位老师,因为他们觉得自己的自尊被残酷地、赤裸地践踏了。

"灰心丧气和郁郁不乐这类感觉严重影响学生的整个脑力劳动,会使他的头脑好像处于麻木状态。"小莉的故事,使我对教育家苏霍姆林斯基的这句话有了更加深刻的认识。正如她所说的,不愿听那位老师的课就是因为心灵受到了伤害,感觉没有了希望。

苏霍姆林斯基在《把整个心灵献给孩子》的书中写道:"教育,首先是人学。"人不是机器,不同于其他生物,人有情感、有自尊、有丰富的内心世界。苏霍姆林斯基的目光首先对准的是人的心灵而不是具体的教学环节或手段,他一生所关注的始终是每个学生的个性发展,每个学生的精神世界。这就使他的教育境界远远超过了那些侧重于研究教育技术的教育家,让教育真正进入人的心灵。

"教育即人学",也就是说教育的最终目的是让人成为健全的人。健全的人应该有自尊,关心集体,对于他人对自己的品评有积极的自我认识和乐观态度,懂得悦纳自己,有丰富和发展自己智慧和才能的愿望,客观的社会知觉和建立良好的人际关系的能力,健康的体魄等。

教育的出发点是人的天性。人生来就喜欢美好的人、事、物,吃好的东西,追求有品质的生活,做有兴趣的事情;人是喜欢新鲜感的,喜欢新鲜刺激的事物,不管是良性刺激,还是恶性刺激;人都是群居的,不管你是表面上习惯孤单,还是在热闹过后感受孤单;人具有好奇心(探索欲)、创造欲、表现欲、自尊心、嫉妒心、虚荣心、安全感、恐惧感、崇拜感等心理,并因此构成了丰富的生命个体。教师必须尊重和利用人的天性,把握学生的心理规律,创造条件,使学生在受教育过程中感受到快乐，更好地实现自我建构和自我成长。

从小莉的经历中，我知道学生的心灵需要被保护。教育是老师与学生思想、心灵的碰撞。教师的同一行为对于不同的学生会造成不同的影响，产生完全不同的教育效果。学生学得好不好不是取决于教师对知识与技能的传授水平的高低，而是有更微妙的东西，那就是情感力量。我喜欢的那位老师之所以会引起这么多学生的反感，是因为他只注重术、注重成绩而忽视了学生的情感需求，没把学生看成一个个有情感的个体。因此，教师要关注每位学生，着眼于学生的心理需求来施教。《黄帝内经·素问》"六节藏象论"中说："心者，生之本，神之变也。""心"是精神凝聚而成的生命之本。教师在教书育人的过程中，从心出发，时刻关注学生的心灵，教育才有生命，才有根本，才会产生足以陶冶学生品格与个性的爱和美、情和韵、理和智，从而焕发出育人的巨大魅力。

二、人的潜能无限

潜能通常是指一个人身体、心理素质等方面的发展可能性。根据人的生长规律，由于生命成长阶段以及遗传基因不同，每个人都具有各种潜能。柏拉图曾指出："人类具有天生的智慧，人类可以掌握的知识是无限的。"

关于潜能的理论对我的中职教育思想带来了积极影响：必须改变对自己学生的悲观看法，要相信学生都具有巨大的潜能，而且这些潜能正等待着教师去帮助学生释放出来。

1998年，我担任高二会计班的班主任并任教会计专业课。那时高职单考单招刚开始，由于之前中职培养的方向都是直接就业，一听到中职生也可以考大学的消息，班里大部分学生跟我说想转到升学方向。经过调查发现，44个学生中有31人想考大学，然而高一课程设置是以就业为导向的，英语课更是一节都没有开设。但既然学生有升到高职院校继续学习的强烈意愿，为了学生的长远发展，我理所当然要为他们争取条件。于是我与校领导、教务处主任进行了多次沟通，最终调整了开设的课程和任课教师。为什么我当时敢下这个决心？就是由于受潜能激励大师安东尼·罗宾的励志演讲影响，相信人的潜能无限，相信学生的学习潜能无限。

当然，教育的过程并不是一帆风顺的，学习过程中学生会碰到很多困难，学生由于文化课基础相对较差，理解能力和思考能力弱，学习专业理论课程和数学课程的难度较大，更不用说让学生用一年的时间完成两个学年的英语课程学习任务。在困难面前,有的学生犹豫了,有的退缩了。那个时候,我所能做的就是鼓动他们,让他们不要因一时的困难而放弃梦想、放弃追求。我给他们讲励志故事,用心理学大师阿德勒的成长经历激励和鼓舞他们。

没想到我居然成功了。学生们改变了对自己的看法,相信自己有巨大的潜能,相信只要努力就可能创造奇迹,学生们的信心像滚雪球般越滚越大。信念的力量真的是无法估量的,学生一天天坚强起来,超越自我,形成了强大的斗志。在班长吴康丽的带领下,44个学生开始投入自主学习中,周末也自发组织起来集体复习,每项学习任务都完成得非常好。他们的努力打动了任课老师,数学老师林天强和英语老师王瑞梅周末也主动抽出时间到教室指导学生学习。通过师生两年的共同努力,这个班有30个学生升入了高职院校,创造了奇迹。

那段时间的教学是高效的、快乐的。也是在那段时间里,我领悟到教师的教学管理工作不是监督而是激发,通过师生的有效交互,让学生进入能量激发状态,从而把天生的智慧和潜能激发出来。

故事链接

阿德勒的故事

1870年2月17日,阿德勒出生于奥地利首都维也纳的郊区。他的父亲是一名犹太商人,主要做谷物生意。由于父亲经营有方,他的家境颇为富裕,一家人热爱艺术,尤其是音乐。阿德勒从小生活舒适安逸,物质生活相对富足,但他却认为自己的童年是不幸的。在兄弟姐妹中他排行老二,哥哥体格健壮,是个典型的模范儿童,而他觉得自己长得既矮又丑,与哥哥有一种强烈的对抗情绪。母亲似乎偏爱哥哥,而阿德勒与父亲相处融洽。

阿德勒是一个直到4岁才会走路的病弱儿童。他患有佝偻病,无法进行激烈的体育活动。但他并没有让身体上的缺陷压倒自己,相反,这刺激了他的好胜心。阿德勒喜欢郊游,结交各种各样的朋友,在游戏中总是试图超过他的哥哥。他的父亲鼓励他说:"阿德勒,你必须不相信任何事。"就是告诉他,不能让眼前的困境束缚自己,而要勇于突破,大胆地去创造自己的生活。

5岁时的一次遭遇几乎改变了阿德勒的一生。那年,他患上了致命的肺炎,医生认为他快死了,家人也不抱什么希望了。但几天后,他竟奇迹般地康复了。这场病加上他3岁时大弟弟的死亡使他萌生了要当一名医生的愿望,他要用这个生活目标去克服童年的苦恼和对死亡的恐惧。

阿德勒 5 岁上小学,9 岁进入弗洛伊德上过的中学。

刚上中学的时候,阿德勒由于数学不好而被老师视为学困生,老师因此看不起他,并建议他的父亲让他去当一名制鞋的工人。当然,他的父亲拒绝这样做,但这件事刺激了好强的阿德勒,促使他努力学习,在数学上有了很大进步。

偶然的一个机会,他解开了一道连老师也感到头疼的数学题,成了班上的学优生,这更增强了他的自信心。中学毕业后,阿德勒如愿以偿,进入维也纳医学院,系统学习了有关心理学、哲学的知识,并受到良好的医学训练。

1895 年,阿德勒获医学博士学位。后来,成为奥地利精神病学家、个体心理学的创始人、人本主义心理学先驱、现代自我心理学之父,代表作品有《个体心理学的实践与理论》《生活的科学》《自卑与超越》。

阿德勒的成功启示人们:人的潜力是巨大的,只要肯去挖掘,每个人都有成功和飞跃的机会。

三、教育要面向学生的长远发展

教育不能急功近利,这是一项长期的系统工程,教师只有立足学生的长远发展和全面发展,关注学生的心灵,才能引领他们面向未来,确立奋斗目标,稳步前行。

我的学生吴桦,是一个有满脑子想法的机灵孩子,可对于他父母给他选的会计专业他一点也不喜欢,他认为会计无非就是记记账、算算账,太没意思了。因此对专业学习提不起劲头,经常借故请假,甚至逃课。

我想帮助他发现自己的兴趣点。一次聊天时我问他喜欢什么,他毫不掩饰地告诉我,喜欢玩电脑、打游戏。我叫他打游戏给我看看。哇!这不正是我一直在寻找的技能选手吗?我感觉抓到了他的兴趣点。我有意识地告诉他,会计不只是记账、算账、报账,还有很多种课程,如点钞、打键盘、电算化、沙盘、比赛冲关。

我带他去观看高二学生的技能训练。在现场他兴奋地对我说:"老师,我喜欢冲关,打比赛。能让我加入训练队吗?"

之后的一切都朝我预想的方向发展。在训练队里,他可谓如鱼得水,特长得到了施展。没多久,小键盘测试成绩就超过了高二的同学。

有一次看他进步特别大,我说:"吴桦,老师要奖励你,想要什么礼物啊?"他说："老师,就奖励我一支笔芯吧。"

第二天,我当着全体队员的面,奖给他一支笔芯。打那以后,"一支笔芯"成了我俩心照不宣的约定,每逢他有较大进步,便奖励他一支笔芯。

兴趣点与专业的融合,使吴桦发现了全新的自己,他越来越自信了,并爱上了会计,早上、中午、晚上疯狂地训练。当从我手里领走第五支笔芯的时候,他已经获得了校技能奖学金,领到第六支笔芯的时候,获得了杭州市技能大赛二等奖。

然而,精心准备的省赛却让他尝到了失败的滋味,一个奖项也没得到。比赛那天,回学校的路上,他双目呆滞地望着车窗外,面无表情地紧绷着脸,与原先爱说爱笑的他判若两人。那一晚他不愿回家,我不忍心让他周末一个人留在寝室里,便把他带到自己家里住宿。他流着泪,向我讲述赛前的奋力拼搏,赛场的意外失手,以及无法面对老师、同学的痛苦。他说："老师我失败了,我太没用了! 老师,对不起。"

"有什么关系呢?"我说,"你人生之路才刚开始,今后还有许许多多的机会等着你,前方还有各种各样的桃子等你去摘呢!"

一天、两天、三天……我们谈人生、谈成败、谈理想、谈大学生活,畅想未来。在我的陪伴下,他慢慢地走出了失败的阴影。

这个事件也引发了我的思考。我发现自己以前对他的教育,功利性太强,过多地关注技能比赛的成绩,而忽视了对他长远发展的规划引导,致使他面临失败时不知所措,一下子就崩溃了。为此,我引导他走出了只为技能比赛而学习的心理误区,帮助他制订了职业生涯规划,确定了考大学进而当会计主管的发展目标,并细化了高三等各阶段的具体目标。

在更大发展愿景的激励下,他重新恢复了斗志。后来,他站上了浙江省会计技能大赛的领奖台,获得了高职会计技能大赛电算化项目一等奖,还代表浙江省参加全国大赛,成了小有名气的技能高手。现在已是单位的工作标兵。

爱因斯坦说："青少年在离开学校时,应是作为一个和谐发展的人,而不是作为一位专家,否则,他连同他的专业知识就像一条受过训练的狗,而不像一个和谐发展的人。而要成为一个和谐发展的人,取决于自由而全面的发展。"吴桦的成长经历让我认识到,在中职教育中,教师要摒弃自己短浅的功利和荣誉之心,不仅要使学生成为拥有一技之长、富有专业精神和理想追求的专业技术人员,还要突破职业教育的功利性目的以及工具性价值的钳制,回归教育本真,着眼于学生的个性自由发展、身心健康发展、身心全面发展,着眼于学生综合能力和职业素质的提高,切实为学生的长远发展奠定基础。在教育中,也只有关心长远发展,才能正确指导学生正视学业成长中的成功与失败,不因为一时的失败而自暴自弃;才能做到耐心对待学生的不良学习行为和习惯,为有差异的学生个体提供具有差异性的教育,从而促使他们健康而全面地发展,更好地成长为一个完整的人。

四、非智力因素是影响学生学业进步的主要因素

非智力因素是指在智慧活动中,不直接参与认知过程的心理因素,包括理想、信念、价值观、人生观等。学习中的非智力因素主要是兴趣、动机、态度、意志、情感、性格等。

心理学家推孟等人对 1500 名智力超常的学生进行了长达 50 年的追踪研究,对其中 150 名最有成就者和 150 名最不成功者进行了详细的分析比较。结果发现,两者在智力水平上并没有什么大的不同,最大的差别在于:成功者都有坚持力,有为实现目标而不断积累的自信心,能够克服自卑等,而不成功者则缺少这些性格特征。智力测验所得的智商只能解释学生学业成绩的 35%～45%,其余则要由非智力因素来解释。从智力的整体层次上看,学生先天的学习能力并不存在问题。

可见,影响学生学习进步的主要因素是非智力因素。会计心理导向教学基于对非智力因素的锤炼和提升,通过唤醒学生的自信心,改善学生的心智模式,提高教学成效。

第二章　会计心理导向教学概述

成功的教育有赖于教育者对学生心理规律的把握和运用。

——题记

一、会计心理导向教学的含义及特点

弗洛伊德的精神分析理论将人的心理结构分为三个部分，即潜意识、前意识和意识。意识是人直接感知的心理。潜意识，是指潜藏在一般意识底下的一股神秘力量。潜意识包括三部分：①人脑尚未发掘的能量；②人类过去包括祖辈遗传积淀的经验、挫折与创伤；③生命的原动力，即欲望、冲动与追求。潜意识聚集了人类数百万年来的遗传基因层次的信息。它囊括了人类生存最重要的本能与自主神经系统的功能与宇宙法则，即人类过去得到过的所有最好的生存情报，都蕴藏在潜意识里，因此要懂得开发这种与生俱来的能力。现代心理学认为，人的学习是显意识与潜意识交织的心理活动。学生在课堂上的实际学习成效，受制于显意识和潜意识的协调状态：当学生的显意识在学习课程时，其潜意识无时无刻不在吸收各种信息，并对显意识时时刻刻施加影响。

在会计教学中学生既是被动的，又是主动的。被动在于学生的心理过程总是顺从教师的引导，受制订的内容和形式的限制。主动则在于学生要停止与学习内容无关的心理活动，排除内外干扰，专心致志地去领悟知识、要领、技能要点，主动建构知识。无论被动还是主动，学生上好一节会计课，都是一个从形成到展开再到强化的动态心理过程。从注意的生理机制看，在人的大脑皮层上发生的每一个兴奋中心都将引起对周围区域的抑制。因此，会计教师选择的教学手段如果能刺激大脑皮层，引起兴奋，就能在一定程度上引起学生对会计课注意的形成和无关心理活动的停止。这就是教学的理想状态。

通俗地说，课堂上教师不应放羊式地命令学生不要睡觉，不要玩手机，不要说话……而是要创设刺激学生大脑的环境,让学生在会计思维与技能这个中心点上形成兴奋中心,自然地抑制对其他区域的注意力,从而使学生不想睡觉,忘了玩耍,没空讲废话……

由此可见,教育活动应根据学生的心理状态进行,其有效性有赖于教育者在教育过程中对学生特有的心理背景的把握和运用。心理导向教学就是紧扣学生的学习心理,以发挥学生主观能动性和激发学生潜能为导向,以课堂上的高效交互为特征,创设使学生心理需要得到满足的教学活动。换句话说,就是老师通过改善学生的心智模式和心理结构,进而改变其行动或思维方式,来促进学生用心灵、用智慧去探索知识、体验技能、增强能力,并树立对未来发展的信心。

会计心理导向教学,是心理教育与专业教学紧密融合的一种教学方式,即教师立足学生的心理特点和长远发展,以建立学生积极向上的心智模式为出发点,以充分挖掘和发挥学生个体的学习潜能为着力点,结合中职会计选择性课程改革,创新契合学生心理需求的教学组织模式,通过师生、生生之间的有效交互,将心理教育的理念和方法渗透到会计专业课堂教学、实训教学、职业习惯养成的各个环节,切实调动学生的专业兴趣和学习积极性;通过专业教育与心理教育互为表里、相互促进,促使学生在心智、职业素养、专业技能等方面全面发展。

德国心理学家勒温认为,人就是一个"场",人的心理现象具有空间的属性,人的心理活动也是在一种心理场或生活空间中发生的。也就是说,人的行为是由场决定的。心理场主要由个体需要和他的心理环境相互作用的关系构成。它包括有可能影响人的过去、现在和将来的一切事件,这三个方面的每个方面都能决定任何一个情景下的人的行为。勒温提出了人类行为的一个著名公式:$B=f(P\cdot E)$(B代表人的行为,P代表自身个性特点,E代表所处环境)。即人的行为都是行为主体和环境双重作用的结果。当学生的心灵与教师的心灵取得默契,且学生与教师互动的时候,课堂教学就会浸润学生心田。在心理导向教学的课堂中,传统意义上教师的"教"和学生的"学",将不断地被师生的互教互学所取代,在课堂形成一个强大的"心理场",产生优于传统教学方式的教学成效。

心理导向教学除了一般教学所具备的基本特征之外,还具有自身的独特性。其基本内涵包括以下几点:

（1）对于老师而言，心理导向教学应本着人学及人的潜能无限的思想，坚信每个学生都能成才，关注学生心灵的成长，促使学生获得知识能力的提高、心理需求的满足，并能自主地学习和创新，形成独特的生命价值。

（2）对于学生群体而言，心理导向课堂是学生共同发展和差异发展的平台。共同发展是指教学要创设平等育人的环境，让每个学生都有美好的愿景和努力的方向，都能找到自己存在的意义和价值，都能朝着自己的发展目标前进。这里所说的平等育人不是指老师用同样的教学方法对待不同的学生，而是要求教师在对待不同学生的时候要用不同的方法，让每个学生都能有平等地体验成功的机会。差异发展指的是，"十个指头有长短"，每个学生在发展目标、发展速度、发展水平等方面都存在差异，教师要尊重学生的这些差异，允许和认同学生学习速度有快有慢，学习进步有大有小。

（3）对学生个体而言，心理导向课堂是学生成长成才的平台，在这样的课堂里，学生能感受到成功的喜悦，尤其是感受到智力上的发展，感受到教师的尊重和信任，感受到同伴的支持与鼓励，感受到团队不会让自己掉队。

（4）在心理导向教学里，教师与学生、学生与学生之间形成多维度的有效交互，形成一种和谐有序、互动前进的教育氛围。

二、会计心理导向教学的作用和意义

会计心理导向教学对于点燃学生心灯，提高会计专业教学成效，促进学生全面进步，培养具有持续发展能力的符合时代和企业要求的财会人才有着重要的作用和意义。

（一）会计心理导向教学是唤醒中职生信心与兴趣的需要

2015 年笔者对 1000 多名入学新生进行了相关的问卷调查。结果显示，70%的学生对学习不适应，65%的学生对学习没有信心，92%的学生没有学习目标。而且学生普遍因自卑心理、孤独心理、自暴自弃心理、多疑与仇视心理、逆反心理等心智特征而产生严重的厌学现象。缺乏自信、没有目标是影响中职生发展最突出的问题。失败体验和不被重视而导致的"习得性无能"和自我认定的降低，使他们没有梦想，没有追求。没有目标、没有信心的学生，怎么能学好专业呢？心理导向教学旨在改变学生消极的心智模式，通过有效的心教手段，唤醒和激发学生的信心和兴趣，帮助学生点燃梦想，追求卓越。

(二)会计心理导向教学是有效促进学生个性发展的需要

所谓个性,是指一个人在自己的行为活动中经常表现出来的比较稳定的心理特征。它反映了一个人总的精神面貌。成功的体验对于学生良好个性的发展有着巨大的推动作用。教育心理学研究表明,一个人只要体验过一次成功的喜悦,就会激起无休止的追求成功的意念和力量。

心理导向教学倡导教师时刻关注学生的成功体验的获得,教师要以激发学生的信心和兴趣为切入点,依据中职生的个性差异,努力创设"成功"情境,让每个层次不同的学生都获得成功的情感体验,使学生在不断获得成功的过程中发展自我。鼓励学生独立思考,让学生在做中学、在做中悟、在做中得。心理导向教学倡导合作学习,把课堂有限的空间变成人人参与、人人思考的无限空间,引导学生在合作探究中开展讨论,相互交流,相互启发,取长补短,共同提高。这样不仅能培养集体、团体的协作精神,更能充分发挥个人内在的潜力,不断地完善自我,实现个性发展。

(三)会计心理导向教学是提高专业教学成效的需要

心理导向教学以学生内在兴趣需要为出发点考虑教学的一切元素,包括内容的选择、情境的创设、人际的交往等,有利于激发和培养学生的学习兴趣,将学生的兴趣点与专业学习有机结合,让学生享受学习的乐趣。心理导向教学还注重对学生自信和成功心理模式的培养,不断创设让学生体验成功的平台。无数的教育事实证明,当学生完成了某一项任务后,内心就会产生一种成就感、一种喜悦感、一种冲击力,这种力量不仅会增强学生的自信,还会进一步增强学生学习知识和技能的兴趣和能力,提高学习效率,使教学达到事半功倍的效果。

三、会计心理导向教学的基本思路和基本内容

(一)基本思路

立足中职生的心理特点,将心理教育与会计专业教学有机结合,坚持以心促教、以教促心、心教合一的教育思路,通过唤醒自信、改善心智模式,促使学生建构积极向上的价值取向,追求自我发展,实现心智成熟、学业进步、综合素质提升的全面成长。

(二)基本内容

会计心理导向教学是以学生心理需要为导向,心理教育与专业教学相互融

合、相互作用、互为表里的相对完整的中职会计教育体系,它涵盖了会计专业理论、技能、综合素质及学生心智改善等方面的内容。心理导向教学是对传统专业教学模式的发展和提升,突出心理教育在专业教学和职业素养培育各个环节中的基础地位。因此心理导向教学十分注重学生理想、自信心、学习兴趣等非智力因素的改善,教师通过点燃自信之灯、兴趣之灯,促进学生心理发展和心智成熟,塑造和改变其心智模式。这就要求会计心理导向教学既要注重专业技能教学,又要注重心理健康教育,把学生积极心智模式的构建与专业技能教学结合起来,促使学生想学、愿学、爱学、能学、会学、乐学。

具体来说,会计心理导向教学体系主要有以下两个方面的内容:

(1)改善心智模式。以唤醒为主题,运用改变、激活、关爱、鼓舞、体验、活动、规划等策略,唤醒心灵、唤醒欲望、唤醒兴趣、唤醒自尊、唤醒自主、唤醒梦想,建构起积极的心智模式。

(2)心理导向教学组织。包括教学目标、教学原则、教学策略、教学模式和多元评价机制等内容。

综上所述,会计心理导向教学基本内容如图 2-1 所示。

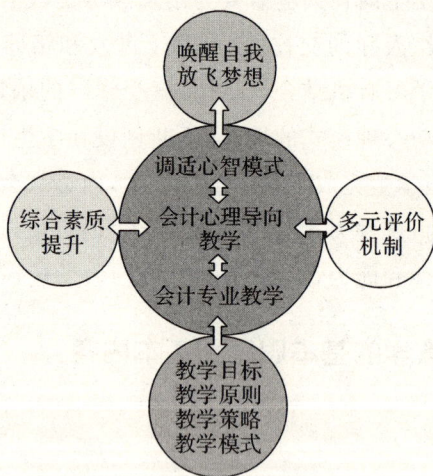

图 2-1　会计心理导向教学基本内容

四、会计心理导向课堂与传统课堂的区别

传统的课堂,过于注重知识的传授、技能的训练,而较少关注学生情感的流

露及内心世界的表达。学生不喜欢呆板的课,不喜欢被老师"牵着鼻子走",表现出各种厌学状态,原因其实就是教师没有将学生当作学习的主体。我们经常看到有的教师因为担心学生不听话,镇不住课堂,所以一进教室便戴上一副"假面具":板着脸孔,一脸严肃,盛气凌人;有的教师不了解学生需要什么,因而其教学无法引起学生的兴趣和共鸣,课堂上常常呈现"学生睡学生的,教师讲教师的"尴尬局面。

而心理导向课堂则呈现出另一种面貌:教师具有亲和力,播撒情感,传递正能量,学生感觉到教师的热情扑面而来;师生心灵共振,和谐有序,学生被教学吸引,教师不需要费劲地去维持纪律,而是享受课堂。当学生取得成功时,教师是喜悦的;当学生遇到困难时,教师是焦急的;学生感觉到,我在老师心中,老师对我很重视。具体来说,心理导向课堂与传统课堂有以下几点不同:

（一）教育境界不同

传统课堂关注教学任务点,围绕教材教学,以完成大纲教学要求为目标。而心理导向教学更多的是关注学生的心灵成长,关注学生的内心世界。注重引导学生热爱生活、学会学习、学会做事、学会做人、学会合作,让学生遇见最好的自己。从教学目标上看,心理导向课堂既关注眼前目标,又关注长远发展,在这样的教学环境里成长的学生会创造自我、成就自我。

（二）学生交往不同

从社会学的角度讲,课堂教学的本质是人际交往作用的过程,教学过程中传递的信息要为学生所接受、加工、顺应或同化,需要教师与学生、学生与学生相互间展开平等而充分的多向交互,产生多方联动。心理导向课堂比传统课堂更强调同伴之间的互助,在教中学,让学得快的学生教学得慢的学生,实现整体共同进步。

（三）师生交往不同

教学的本质是一种特殊的师生交往,是师生间以交流、对话、合作、互动作为基础进行专业技能传承和创新的特殊交往活动。

传统的课堂,大多是教师单边的活动。教师往往把课上得跟作报告、表演一样,学生只是观众、听众,课堂气氛沉闷、压抑。对于部分跟不上教师思维和讲课节奏的学生而言,就像听天书一般,完全听不懂,于是开小差、玩东西、看手机、睡大觉。教师虽然上课上得很辛苦,讲得很卖力,但是课堂效果却不尽如人意。

心理导向课堂一个最大的特点就是多边互动、生生互动、师生互动。表演者是学生,教师是观众、听众,教师营造轻松的课堂氛围放手让学生学习。在宽松的氛围里,学生敢做,不怕做错;敢说,不怕说不好。学生大胆发表观点,产生思维共振,从容地模拟操作,在发现错误、纠正错误中建构知识,掌握技能。

(四)教学评价不同

传统的教学评价的指标是分数。学生为分数而学,教师为分数而教。为了提高分数,教师尽可能多地传授知识,在知识点的记背、抄写,以及考试复习题的训练等方面花了很多心思,甚至采取各种罚抄、罚做手段强化学生对知识点的理解,而一些学生则会通过考试作弊获取高分。可见,仅凭考试分数来衡量学生的优劣是不科学的,不能全面反映学生的综合发展能力。

心理导向教学从学生的心理规律出发,淡化考试分数,注重能力培养。高中阶段,不仅是学生处于身心、知识和心理急剧变化的时期,还是思维能力、操作技能、行为能力、表达能力急剧变化的时期,而这些方面能力的变化对于学生生存立业更具重要意义。从某种程度上来说,能力比知识更重要,能力是时刻发挥作用的,并且能力的缺失,走上社会后很难弥补,而知识的缺失在需要用到时,相对容易弥补。所以,教学评价侧重能力的高低,将讲的能力、做的能力、教的能力、学的能力综合起来对学生学业进行多元评价。以能力为重的评价,既服从中职"以促进服务为宗旨,以能力发展为导向"的培养目标,又基于人性,满足学生被尊重、被认可的心理需求,对于寻求自我,重新认识自我,改变认知模式,有着重要的意义。

五、会计心理导向课堂的理论依据

(一)建构主义学习理论

建构主义认为,知识不是通过教师传授得到的,而是学习者在一定的情境下,借助人际的协作活动得到的。建构主义理论充满唯物辩证法,以内因和外因相互作用的观点来研究个体的认知发展,认为个体是在与周围环境相互作用的过程中,逐步建构起关于外部世界的知识的,从而使自身认知建构得到发展。个体与环境的相互作用涉及两个基本过程:同化与顺应。同化是个体把外界刺激提供的信息整合到自己原有的认知结构内的过程,是结构数量的扩充;而顺应是个体的认知结构因外部刺激的影响而发生改变的过程。认知个体就是通过同化与顺应这两种形式来达到与周围环境的平衡的：当个体能用现有的图式同化新信息时，是处于一种平衡的认知状态；而当现有图式不能同化新信息时，平衡即被破坏，而修改或创造新图式（即顺应）的过程就是寻找新的平衡的过程。个体的认知结构就是通过同化与顺应过程逐步建构起来的，并在"平衡—不平衡—新的平衡"的循环中不断地得到丰富、提高和发展。该理论主张以学生为中心，强调学生是信息加工的主体，是知识意义的主动建构者，认为知识不是由教师灌输的，而是由学生在一定的情境和心境下主动建构的，要求学习的环境是真实的任务情境，主张教师在课堂上提供问题的原型。

教学过程是学生主动学习的过程。学生的学习不全是靠教师讲授，更重要的是靠自己思考、体验、建构，以及与同学的交流和相互影响，它不是一个简单的认识过程，而是一个心理加工过程，是一个交流合作的社会活动过程。一个学生的学习好坏，很大程度上取决于他是怎样学习的。班级化教学在目前情况下仍然是一种重要的教学方式，要在班级化的环境中提高社会活动的成分，将班级化教学与社会活动有机结合，为学生主动、愉快地学习创造良好的条件，有利于促进学生主动学习、增进合作交流、提高技能操作水平、社会情感的培养以及提高发展创造能力。

学习不是一个被动吸收、反复练习和强化记忆的过程，而是一个有目的地主动建构知识的过程，一个以学生已有知识和经验为基础，通过个体与环境的相互作用主动建构意义的过程。事物的意义不能独立于主体而存在，必须通过主体的主动建构才能被理解。学生已有的认知结构对新知识的学习有着决定性的影响，教师应在充分了解学生的学习起点的基础上制订新的教学方案。知识产生于问题情境，问题情境是知识发生的框架，教学只有设置与学生已有的知识和经验相适应的问题情境，才能引起学生的兴趣和思索，促进学生的思维发展。

学习是一个交流和合作的互动过程，是人际协作的过程。协作学习过程也是会话过程，会话是达到意义建构的重要手段之一。在师生互动、生生互动中，为学生主动学习提供宽松和充分的会话环境，使学生产生愉悦的心情，有利于促进学生智力和情感的发展。在交流互动的过程中，每个学习者的思维成果（智慧）为整个学习群体所共享。课堂上，在教师参与交流与合作学习中，推进互动学习。

新知识的学习建立在原来知识的基础之上，每个学生由于发展水平、家庭背景及兴趣爱好不同,对同一事物在理解和认识深刻程度上存在差异,教师要尊重学生的差异,并分层次创设问题情境。

教师是学生建构的帮助者,学生是主动建构者。建构主义提倡在教师指导下的以学习者为中心的学习,也就是说,在强调学习者的认知主体作用的同时,不能忽视教师的指导作用,教师是意义建构的帮助者、促进者,而不是知识的传授者与灌输者。学生是信息加工的主体,是意义的主动建构者,而不是外部刺激的被动者和被灌输的对象。

学生要成为真正意义的主动建构者,就应在学习过程中从以下几个方面发挥主体作用:一是要用探索法、发现法去建构知识体系。二是主动搜集并分析有关的信息和材料,对所学的知识要提出各种假设并努力加以验证。三是要尽量把当前学习内容反映的事物和自己已经知道的事物相联系,并对这种联系加以认真思考。联系与思考是意义构建的关键。

获得知识的多少取决于学习者根据自身经验去建构有关知识的意义的能力,而不取决于学习者记忆和背诵教师讲授内容的能力。教师是学生建构意义的帮助者,在教学过程中要从以下几个方面发挥指导作用:一是激发学生的学习兴趣,帮助学生形成学习动机;二是通过创设符合教学内容要求的情境和提示新旧知识之间联系的线索,帮助学生建构当前所学知识的意义;三是为了使意义建构更有效,教师应在可能的条件下组织协作学习(开展讨论与交流),并对协作学习过程进行引导,使之朝有利于意义建构的方向发展。引导的方法包括:提出适当的问题引起学生的思考和讨论;在讨论中设法把问题讨论一步步引向深入,以加深学生对所学内容的理解;启发诱导学生自己去发现规律、自己去纠正错误的或片面的认识。

(二)社会交互理论

在《麦加利辞典》中对"交互"的一般定义是相互作用。在《教育大辞典》中将"Interaction"翻译成"相互作用",并将"相互作用"定义为一个因素各水平之间反应量的差异随其他因素的不同水平而发生变化的现象。这说明交互意味着某种共同的或者相互的行为,在这一行为中,人或者事物互相影响了对方,起到一加一大于二的效果。

社会交互理论认为人一出生就进入了人际交往的世界,学习与发展发生在与他人的交往与互动之中,学习者身边对他有重要意义的人,特别是他的伙伴,在他的认知发展过程中起着重要的作用。社会交互理论的一个中心概念是中介作用。中介作用认为有效的学习秘诀在于交互双方的知识和技能处于不同的水平。班杜拉的社会学习理论也认为，学习是在环境、学习者、认知行为三个要素的互动下进行的。社会交互理论对中职会计专业教学有启示是由于学生的兴趣、爱好、特长、个人经历各不相同，在许多方面一个专业的学生的知识和技能处于不同的水平。学生在不同方面的差距使得他们之间的交流成为必然。合作学习的形式可以给学生提供自然的互动环境，使他们的认知行为得以顺利发展。

(三)"从做中学"理论

美国哲学家、教育家杜威认为，"所有的学习都是行动的副产品"。他在《明日之学校》一书中指出，传统的学校教育是"从听中学"，并在批判传统教育被动学习的基础上，提出了"从做中学"的实用主义思想，认为人们最初的知识和最完整地保持的知识，是关于"怎样做"的知识。教学过程实际上就是一个"做"的过程。兴趣就是一个人和他的对象融为一体，因此，要使学生在校期间保持愉快和忙碌，教师就要对活动加以选择、利用和重视，以满足学生的天然欲望——让他们有事可做，使学生能在那些真正有教育意义的活动中进行学习。经验的形成过程也是运用智慧解决问题的过程，经验在杜威看来不再是通过感官被动获得的一些散乱的感觉印象，而是个体与环境相互作用的过程，经验成为学生各方面发展和成长的载体，学生从做中学，从经验中学，知识的获得、能力的形成、职业素养的获得均以经验为媒介。"从做中学"理论对提高职业教育水平有重要的指导意义。

中国有句谚语"百闻不如一见，百见不如一干"，与"从做中学"的理念不谋而合，说明了"做"在学习中的重要性，"我听了，我忘了；我看了，我记住了；我做了，我明白了"。"从做中学"，顾名思义，既需做，又需学，其要旨在于让学生在做中感悟、探索知识，这就要求教师首先应转变理念，从以教师为中心转变为以学生为中心。其次是转变教学的基本程序，在课堂上用"做"和"学"取代"教"和"学"，把传统教学基本程序中的"教"变为学生的"做"，教师不再是知识的传授者，而是任务的设计者、任务实施的指导者。这里说的指导并不是当学生提出问题后，教师直接给出答案，而是引导学生去探索、去推理、去假设、去试验，以使学生养成相互讨论，表达自己想法和倾听别人意见的习惯。最后是转变教师的角色。教师是学生学习的支持者和引导者。为了支持学生去亲历完整的探究过程，教师应该为学生提供具有多种教育价值的内容和适宜的材料，为探索铺路搭桥;为了让学生在亲历探究之中能收获知识,教师应该告诉学生要注意观察,大胆设想、提问,敢于验证,并且要善于及时记录,还要和同学分享结果。这样对教师的要求实际上是更高了,教师要非常注重课前准备和平时对材料的收集积累。

(四)多元智能理论

自1905年心理学家比奈及西蒙设计出世界上第一个智力测验以来,语言、数学、空间推理能力,被认为是决定一个人智能高低的标准。美国哈佛大学教授加德纳博士及他的同事于1979年在人类的智能研究方面有了新的探索,并在1983年将他们的研究成果结集成《心智的结构》(Frames of Mind)一书,书中提出多元智能理论,驳斥了传统狭隘的智力理论,并指出人类的智能是多元化的,每个人都拥有至少七种基本智能:①语言文字智能:有效运用口头语言或书写文字的能力;②数学逻辑智能:有效运用数字和推理的能力;③视觉空间智能:准确感觉视觉空间,并把感觉到的表现出来的能力;④身体运动智能:善于运用整个身体来表达想法和感觉,以及运用双手灵巧地生产或改造事物的能力;⑤音乐旋律智能:察觉、辨别、改变和表达音乐的能力;⑥人际关系智能:察觉并区分他人的情绪、意向、动机及感觉的能力;⑦自我认知智能:有自知之明,并据此做出适当行为的能力。之后又加上了新的研究成果——自然观察智能,指辨别生物的能力以及对自然界的其他特征的敏锐的观察能力。

大多数人可以在加德纳多元智能的内涵中发现自己的多项长处。这八种智能代表八种不同的潜能,这些潜能在适当的情境中才能充分发挥出来。这一理论对于建构会计心理导向教学,促进学生个性发展有着重要的指导意义。

第三章 会计心理导向教学的教学目标

教育要关注人的全面发展。

——题记

一、教学目标的含义及内容

教学目标是指教学活动实施的方向和预期达成的结果,是一切教学活动的出发点和最终归宿,它与教育目的、培养目标相关,但又不同于教育目的和培养目标。教学目标支配着教学的全过程,主要由教学理念、社会需要、文化传递、课程目标、学科特点、学生个性需求等几个方面决定。

教学目标有广义与狭义之分。广义的教学目标可以分为三个层次:一是人才培养目标;二是课程目标;三是课堂教学目标。狭义的教学目标是课堂教学目标。

心理导向教学的课堂教学目标与传统课堂不同,心理导向教学的课堂教学目标更加关注学生的心理需求,既关注学生的眼前利益,又关注学生的长远发展。

就广义的教学目标而言,中职会计心理导向教学的教学目标有以下三个层次:

第一层次是指中职会计专业人才培养目标:培养具有一定的综合素质、一定基础理论知识,具备较强的动手操作能力和职业能力的技能人才。职业能力包括行业通用能力、会计岗位能力、跨行业职业能力、继续学习的能力。

第二层次是指课程标准,实际上就是教育部或省教育厅要求各个学科的教育教学工作者在教学的过程中要认真关注的内容。如浙江省中等职业学校会计专业省编教材《记账凭证的填制与审核》的课程标准为:通过对记账凭证的填制与审核的课程的学习,培养学生的专业能力、社会能力、综合素养。

1.专业能力

(1)具备根据原始凭证分析经济业务的能力;

(2)具备填制记账凭证的能力;

(3)具备审核记账凭证的能力。

2.社会能力

(1)具备谨慎、认真细致的工作态度;

(2)具有较强的团队协作能力;

(3)具有踏实肯干的工作作风。

3.综合素养

(1)具有良好的心理素质;

(2)具备一定的沟通能力和组织协调能力。

第三层次是指课堂的教学目标。课堂教学目标是将课程目标分解、细化后的部分。在完成和落实每个课堂教学目标的同时,课程需要关注的大目标也就实现了。新课程倡导的课堂教学目标有三个维度:知识与能力目标,过程与方法目标,情感与价值观目标。

课程改革的终极目的是促进学生全面、和谐、持续地发展,而这种发展必须落实到每堂课具体的教学目标上。教学目标是课程的灵魂,它反映教师对学生在已有基础上要取得哪些进步与发展的期望与追求,并且课的一切方面、组成部分和阶段都必须服从它。

教学目标要全面、具体、适宜。教学目标分总目标、学段目标、模块目标、课堂目标。教学目标的制订,要关联总目标,体现学段目标,紧扣模块目标,突出课堂目标。全面分析、理解并准确把握课程内容是制订课堂教学目标的基础。因此,教师要吃透教材、理解教材,深入挖掘十个教学着力点:一是目标基准点;二是内容重难点;三是兴趣激发点;四是心理满足点;五是技能训练点;六是思维发展点;七是方法操作点;八是素养渗透点;九是知识拓展点;十是生活联系点。并在此基础上,准确制订学生的能力目标、素养目标。

二、教学目标制订要把握好目标的三个维度

第一维目标:知识与能力目标。知识主要包括核心知识和学科基本知识,体现为"了解(识记)—理解—掌握(应用)";能力包括获取、收集、处理、运用信息的能力、创新和实践能力、终身学习的愿望和能力,体现为"技能模仿—技能

操作—技能应用"。

第二维目标:过程与方法目标。过程指应答性学习环境和交往、体验。方法包括基本的学习方式如自主学习、合作学习、探究学习等,具体的学习方式有发现式学习、小组式学习、交互式学习等,体现为"感受—掌握—内化"。

第三维目标:情感与价值观目标。情感不仅包括学习兴趣、学习责任,而且包括乐观的生活态度、求实的科学态度、宽容的人生态度。价值观不仅强调个人的价值,更强调个人价值和社会价值的统一;不仅强调科学的价值,更强调科学的价值和人文价值的统一;不仅强调人类价值,更强调人类价值和自然价值的统一。体现为"反应—领悟—行为外化"。

第三维度的目标是隐性目标,关系到学生的长远发展,要特别注重。比如:

(1)培养严谨务实、耐心规范、认真细致的职业态度和职业素养;

(2)培养诚实守信、爱岗敬业、沟通合作的职业素养和职业能力;

(3)培养主动学习意识、自主学习的能力,激发探索新知识的兴趣;

(4)激发潜能,培养学习信心;

(5)让学生在探索中体会发现的乐趣,感受成功的喜悦;

(6)培养学生的责任感、团队协作精神;

(7)培养竞争意识;

(8)培养精打细算及节约成本的意识。

案例在线

陈俊老师在"借贷记账法"一课中制订的教学目标为:

1.知识目标

识记借贷记账法的概念(识记重点:理论基础、资产＝负债＋所有者权益);理解借贷记账法的特点;掌握会计分录的编制要求及会计分录的编制方法。

2.能力目标

熟练运用借贷记账法编制简单的会计分录;培养分析问题、解决问题的能力。

3.过程方法目标

学习运用自主探究、交流讨论的方法理解借贷记账法的内容。

4.情感目标

通过本课的学习,进一步培养学生热爱会计专业的情感,树立科学严谨、一丝不苟的工作作风。

案例中制订的教学目标比较全面,不仅体现了三个维度,关注了多个层面,而且体现了会计学科岗位的技能特点。

三、教学目标要着眼于心灵

《大学》中说:"大学之道,在明明德,在亲民,在止于至善。"可见古人把学问的目标定位在明白优良的品德,与人很好地合作和达到学业的最高境界"至善"上。对自己,是"诚意、正心、修身";对社会是"齐家、治国、平天下"。教育的终极目标是让受教育者有一种社会责任感,而决非仅仅为了谋生。

然而综观现代的教育,不少教育者把教育目标定位在谋生的层次上。在谋生教育观的驱使下,教育的目标时常被简化为培养劳动者或者培养技术人才。但是,人仅有一技之长而没有完整的人格是不行的,很可能会走向社会的对立面,而成为专业的"越轨"人群。因此要培养"完整的人",要培养"完整的人"就要把"完全的教育"作为教育目标。"完全的教育"是一种着眼于受教育者及社会长远发展需求,以面向全体学生,全面提高学生的基本素质为根本宗旨,注重培养受教育者的态度、能力,促使他们在德智体美劳等方面全面发展的教育。

人类的最高追求是幸福、自由,知识、技能只是手段而不是目的,人类的发展需要的不仅是充分发展智力,还要有心灵的体悟和生命的融通。人不只是为了生存而活着,人类还有一个被称为心灵的东西,人类的活动不但要满足物质生活的需要,还要满足心灵的需要。

马斯洛曾提出过一个需求层次理论。认为人具有不同于动物本能的"似本能",并把它们分为生理、安全、社交、尊重、自我实现五个层次的需要。其中,生理需要、安全需要、社交需要通过外部条件就可以满足,属于低级的需要;而尊重的需要和自我实现的需要是高级需要,要通过人的内部因素才能满足;自我实现则是最高层次的精神需要。在教学中我们要运用需求层次理论,针对学生社交、尊重、自我实现的需求采取相应的教学方法,特别是要关注学生的自我实现需求,要充分调动学生的潜能,帮助学生实现自我最佳发展。

教育的目标不应该仅仅定位在使学生掌握一技之长,还应该着眼于学生的心灵,关注学生的精神世界。"心"是精神凝聚而变成的生命的根本。教育中有心,才有生命,才会产生足以陶冶学生品格与个性的爱和美、情和韵、理和智,从而焕发出育人的魅力,塑造完整的人格。在塑造学生完整的人格的同时,使他们掌握一技之长,为社会服务,完成自我的实现,这才是教育的目标。

所以教师在制订教学目标的时候,应该着眼于学生的心灵。教师的"教"只有发自内心,才能与学生心心相印,从心灵深处打动学生,产生心灵感悟,进而激发出学生心灵向真、向善、向美的强大力量,调动学生的发展潜能。

四、教学目标要符合学生需求

我们的教育对象是人,人都有心理活动,都有各自的心理特点。教师只有充分了解学生的个体情况和学习需求,掌握学生心理发展的基本规律,才能确定恰当的教学目标。林崇德在《教育的智慧——写给中小学教师》一书中明确提出:"要做好教育工作者,就要一切从学生的实际出发,就必须要了解学生,这是前提。"

(一)要懂得学生内心需要

需要是人体和社会生活中必需的事物在人脑中的反映。人都有一种满足自己需要的欲求或动力。制订师生通过努力可以达成的教学目标,满足合理需要,是教学成功的前提。设计教学目标、提出学习任务要从各层次学生的最近发展区出发,使各层次学生都有自己的奋斗目标,这样才能让他们"跳一跳,摘果子"。制订教学目标就要从大纲、教材出发,结合各层次学生可能达到的最近发展区考虑大纲目标和发展目标(即提高目标)。这样制订出来的目标才是恰当、全面、具体的,才能满足层次性的发展需求。

(二)要了解学生的知识与经验

学生由于学习经历不同,对同一事物会有不同的认识,因此教师应通过多种途径了解学生的学习方式、学习态度、学习水平、思维特点、学习经验、学习习惯、最近发展区,以及个性特点、心理特点、认识规律等。

(三)要了解学生的个性

学生由于出生时间不同、成长背景不同,存在个性差异。在制订教学目标的时候,教师可以从学生的已知(已有的能力和经验)、未知(还不具备的知识、技能和态度)、能知(能达到什么程度和目标)、想知(预计学生更希望得到和学到什么）、怎么知（学生期待和适合什么样的途径和方法来学）出发来制订教学目标。

五、教学目标要注重目标的层次性

（一）要体现学生情况的层次性

学生的学习动机、学习兴趣、学习态度、学习水平、思维特点、学习经验、学习习惯、最近发展区以及知识结构、理解能力、经验或经历的差异是客观存在的。教学目标的设计要考虑到学生个体的学习差异。教学目标要具有层次性，这也是因材施教教学原则的内在要求。

教师需要制订适合不同层次的学生的教学目标，做到共同性目标和个性化目标有机结合。共同性目标是针对所有学生设计的，是全体学生都要达到的基本教学目标。个性化目标是根据不同层次的学生设计的。

（二）要体现思维能力的层次性

思维能力是学习能力的核心。根据思维发展的高低，可把学习分为深层学习与浅层学习。布卢姆将认知领域的学习目标分为记忆、理解、应用、分析、评价和创造六个层次。浅层学习的认知水平有记忆、理解两个层次，深层学习的认知水平有应用、分析、评价和创造四个层次。

在教学目标制订过程中，应有记忆、理解的层面，但是仅有这个层面的学习，就是"死学习"，学生只能成为一种劳动"活机器"，不可能成为改造社会、创造社会的劳动者。这与中职教育目标是不一致的。所以，要将应用、分析、评价和创造作为教学目标的重点，培养学生高层学习的能力。

案例在线

《基础会计》（第四版）"会计要素及会计平衡公式"一课（4 课时）的教学目标为：

（1）了解会计要素的概念。

（2）能熟练地说出会计要素的构成。

（3）能解释会计的基本等式。

（4）能根据会计平衡公式中要素之间的关系，分析不同经济业务类型对会计要素的影响。

(5)能熟练地说出会计各要素的具体内容。

这个教学目标既有浅层学习目标(第 1 条是记忆,第 2、3、5 条是理解),又有深层学习目标(第 4 条是应用分析)。

还可以在此基础上加上第 6 条:

(6)举例说明经济业务的发生不会破坏会计平衡公式。

这样就有了创造层次的教学目标。

六、教学目标要体现可操作性

教学目标要具备可操作性,才能用于指导教学。

(一)教学目标应是具体的

课堂教学目标是用来导教、导学与导测的,含糊笼统的教学目标不利于导向功能的有效发挥。

教学目标是教师进行教学分析的主要依据,模糊的教学目标会使教师失去明确的参照标准,影响到教学分析:从学生的起点能力到达学习结果之间究竟有多少距离? 应该经过哪几个阶段? 其间有哪些支持性条件? 这些都是很难确定的。一旦不能对教学任务进行有效的分析,教学过程就会变得随意和盲目,就没有什么教学效果可言。

教学目标是教学测量和评价的标准,模糊的教学目标意味着测量和评价的标准也是含糊不清的,这就给测量和评价工作带来困难。教师如果对如何准确判断学生有没有达到学习目标心里没数,就只能凭经验对学习结果进行估计。可是估计出来的结果与真实的学习结果往往大相径庭,更不用谈效度和信度了。测量的结果不准确,评价就不能恰如其分,缺乏恰当的评价,就会给课堂教学带来不可克服的负面影响。

(二)教学目标不能过于理想化

教学是在一定的时间和空间里进行的,因此,教学目标的制订,不能脱离现实、过于理想化,要考虑现有的教学条件。如《记账凭证的填制与审核》第九模块"各项税费的计缴"的教学目标如下:①培养学生各项税费计缴的记账凭证填制技能;②培养学生分析问题、解决问题的能力;③ 培养学生的合作精神;④培养学生成为德智体全面发展的人。这样的教学目标操作方式模糊,期望空泛,设计随便,实现方式不明确,没有可操作性。教学目标只有操作方式清晰,期望实在,设计严谨,实现方式具体,才有可操作性。

案例在线

国税计提的记账凭证填制

通过本课的学习,要努力达到以下目标:

1. 知识目标和能力目标

(1)能说出国税的种类和申报的流程、纳税的申报时间;

(2)能读懂增值税、所得税、消费税的纳税申报表;

(3)能在与同伴的合作中编制增值税的月末结转,所得税、消费税的月末计提会计分录。

2. 方法和过程

在学案的引导下,在教师预设的情景、故事中,通过阅读、观察、体验、合作、交流等方式,在主动参与中理解教材内容,完成实践操作。根据纳税申报表编制增值税的月末结转,所得税、消费税的月末计提记账凭证。

3. 情感、态度、价值观目标

(1)意识到纳税申报的重要性,计算和填制凭证过程必须一丝不苟;

(2)进一步提高记账凭证填制的规范化、标准化;

(3)通过小组学习锻炼团队合作和协调工作的能力。

第四章　会计心理导向教学的基本原则

点燃自信、构建积极心态是教育的出发点和归宿。

——题记

心理导向教学强调并关注的是学生的心理特点和需求在中职会计专业教学中的基础地位。教师针对学生的心理特点，以点燃自信、构建积极心态作为教育的出发点和归宿，结合会计专业的培养目标，围绕学生心理需求组织教学活动，在学生主体性上做文章，在教学创造性上求突破，切实提高教学成效。

一、亲和性原则

教师的亲和力是十分重要的，教师的亲和力会对学生的上课情绪产生直接的影响，亲和力与课堂教学效果成正相关。在初中升高中的升学指挥棒之下，很多初中老师关注的是学习成绩，成绩好的学生会受到更多的关注，而成绩差的学生受到的关注较少。到中职就读的孩子大多是初中阶段受关注少的学生，他们很少感觉到老师的温暖，对老师的排斥和抵触情绪较大。实际上，他们心里也渴望得到关爱，也知"冷暖"，并非不能体会老师对他们的爱。心理导向教学要求教师用关爱拉近与学生的距离，这是消除他们自卑心理的法宝，也是组织心理导向教学的根本。教师亲和的语言、赏识的目光、会心的微笑，能触动他们的心灵，给予他们无限的力量，甚至改变他们的人生。"亲其师，信其道"，亲密的师生关系，有助于教师从学生的心理需求出发组织教学，并产生事半功倍的教育效果。

二、学生性原则

学生性原则就是以学生为中心。以学生为中心，不是以老师为中心，不是以教材为中心,也不是以少数学生或者多数学生为中心,而是着眼于每一个学生的受益与发展,让全体学生在每堂课上都有收获。

它强调学生在教育教学中的独立自主性、主动性和积极性。让学生积极主动地参与教育教学活动,自我监督、自我教育、自我调控、自我发展,使他们真正成为学习的主人,在尝试、交往、探索等自主活动中获得生动活泼的发展。

教育教学的永恒动力来自两个方面:一是内在人性的要求,二是外在社会的需求。一种教育教学理论如果能适应其中的一种需求,它就有了存在的价值。心理导向教学法强调把学生的人格、感情、需求放在应有的位置,这就意味着学生的兴趣必须得到尊重和发展。无视或压抑学生的兴趣就是对学生人格的蔑视,对个性的扭曲。

从心理学的角度说,兴趣属于感情、意志、理智的综合产物,压抑兴趣在一定程度上会使学生失去活力、麻木不仁或者产生对抗情绪,从而导致个性的非正常发展。创新教学模式,引导学生兴趣和人格的健康发展,就意味教师必须从自己做起,打破"尽信书"的陈旧观念,从"权威"的位置上走下来,重新为自己的角色定位,牢牢确立以人为本、以生为本的原则,尊重学生个性化的语言和思想,把对学生兴趣和人格的尊重落实到教学的各个实际环节中,而不是流于形式和说教。

教师要视学生为"金矿",相信每一个学生都有学习的潜能和求知欲望。信任学生,把学习权利还给学生。课堂的全过程是以学生的学习为中心的,这种学习不是记、读、抄的"被学习",而是学生身心参与、思维碰撞、交流互动等状态合成的"主学习"。

三、共享性原则

共享性原则就是要在教学过程中保证教育资源共享,实现共赢。萧伯纳曾经说过:"如果你有一个苹果,我有一个苹果,相互交换后,我们每人仍然只有一个苹果。但是,如果你有一种思想,我有一种思想,相互交换,我们每个人就有了两种思想。"我国传统文化中也有"一个好汉三个帮""三个臭皮匠顶个诸葛亮""独学而无友,则孤陋而寡闻"等说法和论述。这些都说明了共享的意义和价值。不管是在工作中还是在学习中,共享对于师生的成长都是不可缺少的,是放大教学成效的重要途径。于学生个体而言,共享能满足自己渴望在团队中获得存在感和价值感的心理需求;于班级整体而言,共享能创造一个温暖的学习共同体,同学间互学互助,水涨船高,从而促进教学效益的全面提升和不同层次学生的自我发展。在实施共享教育的过程中,教师要注意把握好三个方面的情况,以确保教学有成效:一是保基本,重在改进教学模式,全面提高课堂教学效益;二是保重点,特别关注学习成绩排在全班后三分之一的学生;三是补短板,"精准帮扶,不落一人"。

四、共振性原则

共振现象是指一个物理系统在其自然的振动频率下趋于从周围环境吸收更多能量的趋势,其发生在外力的频率与振动体固有频率很接近或相等的时候。同理,所谓思维共振,是指在思维互动中,当外界思维与个人固有思维相接近或相等时,思维力急剧增强的现象。

学生与教师、同学、教材、教具之间进行信息交流,在充分的交流互动中,思维观点相互接触、交叉,相互启迪、补充、融合,从而充实、完善和升华自己的思维,丰富、发展其他同学的思维,产生同频共振。事实上,不仅同频可以产生共振,异频也会发生共振,在思维发展中,"百花齐放""百家争鸣"倡导的就是异频共振。教师要从心底尊重学生的个性化表达,落实民主化教学,课堂上不搞"一言堂""一师独大",鼓励学生发出不同的声音,通过思维碰撞,加速新的思维的形成和发展,促进学生心智成熟,促使其成长为具有独立思考能力、批评思维、发展思维的职业化人才。

五、激励性原则

激励是持续激发人的动机的心理过程。激励,既是一种方法,也是一种观念。激励性原则要求教师在与学生接触的每个时刻都要以激励为基调开展工作,利用多种方法激发学生的求知欲,培养学生的学习积极性。对学生的学习情况和成绩及时进行激励评价。在实施激励教育教学过程中,教师必须把学生作为一个能动发展中的主体来看待,必须尊重他们的主体性和能动性;必须发挥教育教学过程中教师和学生共同体的作用;必须通过各种外部诱因来满足学生兴趣、情感等需求及被尊重、被认同的欲望,点燃他们的求知欲,培养他们的自信心。激励性原则要求杜绝批评指责,允许失败,教师要积极为学生分析学习过程中失败的原因,让学生在克服困难中品尝成功的喜悦,并进行自我激励,从而建立起这样一种信念：对不明白的问题，可以再看看书，想一想、试一试、问一问，相信自己一定能解决。

激励，不是教师的专利，还有学生的自我激励和同学间的相互激励。约翰·洛克说："如果一个人学会了什么事情，要想使他记住，要想激励他前进，最好的办法莫过于让他教给别人。"可见学生间的交流互动也是实现激励的一个有效途径。

六、合作性原则

心理导向教学中，教师要倡导宽松、民主、开放的交互合作气氛，让师生之间、学生之间的交往处于协调和谐的状态，引领学生在相互合作中、在多重交往中认识自己、发展自己。在现代社会中，中职学校教学的首要任务应是为社会输送"合格的人才"，即学生具备这样的生活方式和观念：信仰理性，崇尚交流，善于合作，具有责任感。但这样的任务不可能以说教的方式来完成，而应该在和谐、民主和开放的教育氛围中实现。民主首先是对人的尊重和宽容，它的内涵是自主、平等和理性的。开放的胸襟不会是盲目、狭窄和蒙昧的，必然充斥着理性的光辉。充满民主和开放精神的课堂意味着能承认多元的价值判断，也意味着每个学生都能平等地参与学习而无关才智的高低。实践表明，教师如果没有为每个学生创设亲自参与学习活动的机会，那些被排除在外的学生就会对学习失去兴趣，感觉心失去安顿，结果必然导致这部分学生对学习和自我发展缺乏实际的责任心。在现实中，我们经常看到很多教师抱怨学生荒废学业，不对自己的人生和前途负责，没有责任担当。而实际上很多时候根本原因就在教师身上，这些教师往往长期在课堂上忽视学生的人格、个性需求和学生的自主性，久而久之必然使学生缺乏民主意识，缺乏理性和责任意识。所以在课堂上教师应多些民主、少些专制，多些开放、少些封闭，多些倾听、少些讲授，营造宽松、平等、民主、开放合作的氛围，使学生与老师、与同学间的互动始终处于协调和谐的状态，并在积极有效的多重交往中充分发现自我、发展自我。

七、实践性原则

实践性主要体现在以专业实践为出发点和归宿，在实践中探索，在实践中检验，在实践中提高。实践是检验真理的唯一标准。只有在实践活动中，才能更好地发现问题、调整方向、总结经验、走向成功。心理学研究表明,学习是一种心智活动,没有思维就没有真正意义上的学习。而思维都是从问题开始的。当学生在学习中遇到问题需要关注、处理和解决时,思维就开始了。教师如何帮助学生处理和解决问题? 在传统的教学过程中,一般是通过教师讲解、分析,然后把结果灌输给学生。在此后同样或类似的情景中,大多数学生能"复制"结果,但对于学生的思维能力、操作能力的提高和个性培养没有实质意义。当代中国经济发展需要具有较强实践能力和创新能力的人才。在会计教学过程中,教师要善于创设合理情景,把教学生活化、自然化,通过让学生自己体验,或教师示范的方式,激励学生主动思考和动手,让学生感到他不是在为一些"死"的知识而学,而是在为解决实际问题而学习。在这里,基础理论知识体系成为教学的内在结构,而学生的模拟实践成为学习的外在线索。学生在这一过程中除了得到知识外,更重要的是积累了经验。这种教学方式遵循了"从做中学"的教育思想,把学习的过程变成了解决问题的过程,把学习变成发挥学生主体性和彰显个性的一种有趣活动。学生的经验与认识不仅能影响到学生在学校时的学习活动及其成果,还能影响到学生离开学校后的生活、学习和成长。

八、差异性原则

学生的发展由于受到遗传因素、家庭因素及社会环境的影响,必然存在着客观差异,心理学称之为"个别差异",这种差异的存在必须受到尊重和承认。课堂交互式活动是以此为基础的,交往互动的全面参与性和有效性也依赖于它。要使学生在学习中获得成功与自信,教学必须要适合每一个层次学生学习的"最近发展区",这样才能激发学生自主学习的积极性,促使学生主动参与到教学活动中,并积极开展交往。只有当教师的"教"适合各层次学生的"学",才能吸引学生主动参与,学生的主体地位才真正得以实现,教师的主导作用才能得到发挥,课堂教学才是真正的、全面的互动。分层递进可以有效地贯彻因材施教、循序渐进、循循善诱的教学策略。分层可采用同质分层和异质分层两种方式。同质即学生的知识基础和参与能力情况基本相同,教学时可将班级分为高、中、低三个层次的临时教学班,设立相应的教学目标,经过一段时间的教学后,各层次学生允许"升层"或"降层"。异质分层是在不打乱原班的情况下,按学习基础、学习能力、学习态度、交往能力分为 A、B、C 三层,教学要做到目标分层设置,课内分层施教,问题分层提出,训练分层要求。对于难度较高的内容,让层次高的学生完成,加强他们与中低层次学生的交往;对于中低难度的内容,要启发中间层次学生完成,点拨低层次学生努力达到,加强师生间的交往,鼓励低层次学生向中、高层次要求冲击,逐步达到中、高层次的教学目标。

九、实效性原则

如同企业注重成本效益一样,教学也同样要讲求学习效率和效果,让学生真正学有所得、学有所成。教师要始终关注受教育者在知识、能力、方法上学到了什么,每个个体学到了多少,是在多少时间里学到的,怎么学到的,并及时调整教学组织,以求得到实实在在的教学效果。心理导向教学旨在构建学习提升总量最大、花时最少、自主构建最多的高效学习模式,以学习的实效性推进学生的自我发展。

达到教学目标的过程,很像一次旅行。如果将目的地设为北京,起点设为杭州,那么旅行者会有几种不同情形:A. 身体很棒,很想去,时间、钱都有,坐飞机、轮船、火车都可以;B. 很想去,身体不行;C. 不想去;D. 想去,不知道怎么去;E. 存在多方面问题。A 这样的旅行者,不需要外界的多少帮助。而 B、C、D、E 则存在一定的困难,只有外界给予有针对性的帮助,才能顺利前行,到达目的地。比如身体不行,那么让他与同伴一同去;不想去,那么让他充分了解目的地的诱人之处,激发他的旅行欲望;没有钱,那么向他提供经费支持。总之,不管问题如何,只要主动找,就会找到症结所在,确定对应的破解办法,并达到相应目标。

如果把学生看作是一个旅行者的话,那么学生学习面临的绝大多数情况不是 A 的完美状态,而是呈现 B、C、D、E 的状态,普遍受到生理、心理等各方面问题的困扰而难以达到学习目标。在心理导向教学中,教师要以问题为导向,从学生的需求出发,以促进学生个性全面发展为追求,有针对性地采取相应的教学措施,切实帮学生解决不想学、为什么学、怎么学、和谁一起学等问题,引导和帮助学生明确学习目的,激发学习动机和学习潜能,提高学习效率,达到理想的学习效果,实现专业发展目标。

第五章　积极的心智是教学成功的保证

你的心智强大,则你的世界强大;你的心智弱小,则你的世界弱小。

——题记

成功学大师拿破仑·希尔曾讲过这样一个故事:

塞尔玛陪伴丈夫驻扎在一个沙漠的陆军基地里。她丈夫奉命到沙漠里去演习,她一个人留在陆军的小铁皮房子里,天气热得让人受不了。那里只有墨西哥人和印第安人,可他们不会说英语。她非常难过,于是就写信给父母,说要丢开一切回家去。她父亲的回信只有两行,这两行信却永远留在她心中,完全改变了她的生活:两个人从牢中的铁窗望出去,一个看到泥土,另一个却看到了星星。

塞尔玛一再读这封信,觉得非常惭愧,她决定要在沙漠中找到"星星"。塞尔玛开始和当地人交朋友,他们的反应令她非常惊奇,她对他们的纺织、陶器很感兴趣,他们就把自己最喜欢但舍不得卖给观光客人的纺织品和陶器送给了她。塞尔玛研究那些令人入迷的仙人掌和各种沙漠植物,又学习有关土拨鼠的知识。她观看沙漠日落,还寻找海螺壳,这些海螺壳是几万年前,当这片沙漠还是海洋时留下来的……原来难以忍受的环境变成了令人兴奋、流连忘返的美景。

沙漠没有改变,墨西哥人和印第安人也没有改变,是什么使这位女士有这么大的转变呢? 是她的心态改变了。那么心态由什么决定呢? 心态源于心智模式。

一、心智模式

心智模式是心理学家肯尼思·克雷克在 1943 年首次提出来的。彼得·圣吉将其定义为:根深蒂固地存在于人们心中,影响人们如何理解这个世界(包括自己、他人、组织和整个世界),以及如何采取行动的诸多假设、成见、逻辑、规则,甚至图像、印象等。心智模式是一种思维方法、思考方式和思想观念,是一种心理活动和思维活动,也是一个人的思维定式。在成长和发展心智模式的过程中,人们会形成一些对世界的概括性的看法,即价值观和世界观,它决定和影响着人们的判断和行为。

积极的心智模式是成功者最基本的要素。成功学大师拿破仑·希尔说过:"一个人能否成功,关键在于他的心态。"英国著名作家狄更斯曾经也说过:"一个健全的心态比一百种智慧更有力量。"成功人士与失败人士在面对学习、面对工作、面对人生时的心智是完全不同的。成功人士往往有正向思维,积极、开放的心智模式,对工作、学习具有建设性导向;而失败人士则往往有负向思维,消极、封闭的心智模式,对工作、学习具有破坏性导向。

为什么心智模式对人的行为态度及结果影响那么大呢?我们来看看它的作用机理。心智模式通过三种途径影响个体的观察、思考和行动。第一,心智模式为人们提供了观察世界的认知框架,如同一个滤镜,会影响人们所看见的事物。"仁者见仁,智者见智"就是心智模式作用的体现。第二,人的认识不是简单地反映客观事物的过程,而是对客观事物进行解读,作出假设,并按固有的思维进行逻辑推理,从而作出判断和决策的过程,即推论阶梯。第三,心智模式不但决定我们如何理解世界,而且决定我们如何采取行动。

卡耐基认为,心智成熟的人会把爱、信念和希望传递给他人,只有在心智模式上强大自己,内心才会真正强大起来。心智根植于我们心中,决定了我们应对这个世界的模式。你的心智强大,则你的世界强大;你的心智弱小,则你的世界弱小。心智的成熟是成功的开始,健全的心智模式是每个学生最终迈向成功的人生所必须拥有的。

二、改善心智模式的意义

心有多大,世界就有多大。具有积极心智的人,总是怀有较高的目标,相信理想一定能实现,并为之不断奋斗。成功学大师拿破仑·希尔说过:"人与人之间只有很小的差异,但是这种很小的差异却造成了巨大的差距。很小的差异就是所具备的心态是积极的还是消极的,差距就是成功还是失败。"良好的心态有助于人们克服困难,能使人看到希望,保持进取心和旺盛的斗志,能够创造人生。心态对于学生同样重要。与其感叹学生基础差,不如从培养学生良好的学习心态做起,着眼学生的心理需求设计教学方案,积极改善学生的心智模式。

实践表明,中职生一些不良的心理表现和偏激行为,大多源于消极的心态,而消极心态大多源于消极的心智模式,这也是影响中职生成长的诸多因素中最令人担忧的。在这些隐性或显性心理因素的影响下,积极阳光的因素被压抑,部分学生因此缺乏自信,不敢大胆"做梦",不想学、不愿学,个别学生甚至调皮捣蛋、自暴自弃。对这部分学生如果不从心灵上唤醒他们,不从根本上改善他们这种心智模式,将难以帮助这些学生实现个性发展,教学成效将是低下的。

改善学生的心智模式是教师引领学生成长的过程中要克服的最大困难。不过在实践中,教师的教育方法也往往受自身消极心智模式的影响和制约,许多教师总会认为大多学生是调皮的、不守规矩的,对学生没有信心,觉得能管住不出事就万事大吉了,因而在一定程度上导致了教育管理方式简单粗暴,没有从根本上去研究影响学生发展的内在因素,忽视了对学生心灵世界的关注。很显然,在教师的这种消极心智模式下,教育教学必然是低效的。

那么心智模式是如何形成和作用的呢?心智模式是人们在成长的过程中受成长环境、教育背景、生活经历的影响,而逐渐形成的一套思维、行为的模式。"我们的心智模式不仅决定我们如何认知周围世界,并影响我们如何采取行动……不同的心智模式将导致不同的行为方式",从彼得·圣吉在《第五项修炼》里所总结的推论阶梯—心智反应循环可以看出,心智模式不同,对外界事物的认知角度就会不同,思考问题的方式也会不一样,因而最终采取的行动也会截然不同。心智模式的内在推论如表 5-1 所示。

表 5-1 心智模式的内在推论

推论阶梯	心智对照	
	第一个人	第二个人
5 采取行动	消极,放弃	坚韧,努力
4 成为信念	忙忙碌碌没有用	只要意志坚定、坚韧不拔就能成功
3 得出结论	我还不如去玩	我要更加坚强,不怕失败与困难
2 进行假设	即使我再努力,也是徒劳	如果我继续坚持,就会成功
1 选择数据	以前我尝试过,失败了	以前我尝试过,失败了

心智模式隐藏得很深,是一种潜意识,而且具有自我增强的特性,对人的行为态度能产生极大的作用。彼得·圣吉说:"旧的心智模式如果不去掉,所有新的管理理念和方法,都会踢到'心智模式'这块隐藏在暗处的'顽石'"。学生的

心智模式是讨论教育教学方法和成效无法绕开的现实存在。可以说,新的教育教学方法都是基于此形成和发展的。离开心智模式谈教学是不现实的。在心理导向教学中,教师要取得教学的成功,就必须改善自身的心智模式,并以学生的心智模式为出发点和立足点,激活学生心中固有的积极心智因素,消除不良心理因素对学生的困扰,帮助学生构建起发展自我、成就自我的新的积极心智模式。这既是落实会计心理导向教学的需要,也是满足学生健康发展的需要。

首先要改善教师自身的心智模式。总的来说,主要着眼于以下三个方面:

一是中职教师要拥有爱心,牢固树立以生为本的民主化教育理念,从学生长远发展的需要出发,做到多方位思考问题,多角度看待学生。

二是中职教师要拥有发展的眼光,从长远的发展角度去看待学生,不以一时一事的成败论"英雄",耐心地去发掘每个学生的闪光点,充分调动学生的潜能,促使其个性发展。

三是中职教师要拥有智慧的头脑,要相信自己能学、会教,改变粗暴简单的教育方式,运用智慧去引导学生解决存在的发展问题,实现"管教"向"导教"的转变。

其次,作为教育者应着眼于改善学生不良的心智模式,帮助中职生走出心灵误区、走出迷茫,建立人生自信和学习信心。

哲学家雅斯贝尔斯说:"教育的本质意味着:一棵树摇动一棵树,一朵云推动一朵云,一个灵魂唤醒一个灵魂。"改善学生的心智模式是组织会计心理导向教学的前提和基础。心理导向教学相信学生是向善的、积极的、能自我约束的,教育的核心就是唤醒学生的人格和心灵,改善学生的心智模式,进而形成推动学生学习的强大内驱力。教师通过激励、关爱等教育措施,引领学生唤醒自我,改善心智模式,建立自信,激活梦想,开发潜能,提升自我,创造自我,让混沌的生命变得清澈,让迷茫的生命插上梦想的翅膀。

三、改善心智模式的途径和方法

心智模式是在潜意识或无意识状态下发挥作用的客观心理存在。要想改善原有的心智模式,就必须进行持续的练习,让一些价值观、规则、逻辑等成为牢固的信念,成为习惯。结合工作实践,我总结归纳了以下七个教师改善学生心智模式的途径和方法,以供讨论和参考。

（一）改变——唤醒心灵

我曾经担任过一个"刺头班"的班主任，这个班的班风、学风很差，正能量缺失，大多数学生放弃学习，上课睡觉、玩手机、聊天，无视教师和课堂纪律。

我一直坚信，没有教不好的学生，只是可能我们还没有找到管用的方法。在跟学生谈心后，我发现他们自暴自弃的背后其实隐藏着很多的烦恼、自卑与无助。这些迷茫、沉沦中的学生要依赖谁，能依赖谁呢？我想，只有我这个班主任老师了。

从这个班前两任班主任的经验看，运用常规的说教式、封堵式的管理办法难以取得成效。根据大思想家詹姆斯"人类可以凭借改变态度而改变自己的命运"的论断，我决定以改善心智模式作为教育的着力点，通过唤醒学生沉睡的心灵，改变学生的态度，从而改变他们的行为。我向学生传递我对他们的信心和关注，真诚地告诉每一个学生：即使全世界都轻视你，你也还有老师我。让他们感受到老师久违的信任。

教育不是把篮子装满，而是把灯点亮。我从化解自卑入手，在班里开设了"超越自卑"系列讲座，给学生讲述阿德勒从一个饱受歧视的孩子，通过战胜自卑，成长为个体心理学大师的传奇经历。讲邓亚萍、莱斯·布朗……一个个励志故事，犹如春雷般唤醒了学生沉睡的心灵，让他们看到了只要努力就有可能创造奇迹。在"阿德勒"们事迹的影响下，学生的思想发生了巨大改变，超越了自卑，自我意识被唤醒，形成了"他们可以，我也可以"的思维模式。

接着，要让他们见证自己的奇迹，发现强大的自己。于是我将班会课打造成展示特长的舞台，让学生擅长什么就展示什么，唱歌、书法甚至削苹果、扎辫子……只要有闪光点就让它们尽情绽放。这让极少尝过"甜头"的学生，倍感珍贵。在不断的成功体验中，学生发现了全新的自己、可爱的同伴。有很多学生说："这是我从小学到高中以来最好的班级。"接着，我设计了演讲、辩论、技能比赛等专题活动，把学生的兴趣引导到职业能力上。渴望成功的学生，纷纷找任课老师讨要"绝招"，日夜勤练技艺。为让学生赢得更多的认可，我与他们一起精心设计了技能家长会。会上，看着学生娴熟的技能、自信的演讲，曾对孩子失望的家长、老师眼里闪着泪花，激动地鼓掌，连说"想不到"。校长看到学生的表现，十分高兴，说："这就是我要看到的你们！"孩子们被感动得哭了。原先无所事事的孩子都找到了自己在集体中的位置，他们学习的兴趣之灯被点亮，学习的信心之灯被点亮，人生梦想被激活，确立了自己的学业发展目标。

真正的力量来自内心。随着心智模式的逐步改善，在自信和梦想的推动下，整个班级生机勃勃，同伴互助，你追我赶，"我来帮你"一时成了班里的流行语。全班学生实现了自我的最佳发展。"刺头班"成了市先进班集体。高三毕业时，除15个学生到企业就业外，其他的学生全部考上了高职院校。

这段经历让我领悟到，一个自我觉醒的生命会创造奇迹，并带来无限的可能。对于中职生而言没有什么比唤醒自我、点亮心灯更具有意义的事情了。

第一，运用故事引领学生认识自我。教师向学生讲励志故事，传播成功信念，让学生看到只要努力、不放弃就有可能创造奇迹，从而激活学生蛰伏的生命能量，使他们从内心深处激发力量投入学习生活。

第二，做一个点灯人，点亮学生的心灯。这心灯就是信心之灯、兴趣之灯。创造展示兴趣特长的平台。喜欢，才是学生学习的最佳状态；喜欢，学生才会享受其中的快乐和辛苦，才不会觉得学习是负担，不会厌烦。不断挖掘、培养学生兴趣，让学生有永不止步的追求，一步步引导，使学生的专业学习走向成功。用心灵体验成功，才是一个人真正获得尊严和自信的途径。

总之，教师始终要坚守这样一个信条：没有比改变思想观念更强大的教育。要从改变学生的思想观念入手，帮助学生认识自我，发现自我，树立信心，建构敢于追逐人生梦想的积极心智模式。只有这样才能充分激活学生的学习潜能，让平凡的生命创造奇迹。

(二)激活——唤醒欲望

这是一个关于奋斗的故事。小男孩幼年因病导致左脸瘫痪，嘴角歪斜，一耳失聪，讲话口吃。

为了矫正自己的口吃，孩子模仿一位有名的演说家，嘴里含着小石子讲话。尽管嘴巴和舌头都被石子磨烂，但他仍然坚持练习。

后来他能流利地讲话了，中学毕业时，不仅成绩优异，还获得了很好的人缘。虽然他有缺陷，但他不自卑，而且还自信向上，发奋图强，成了饱学之士，还能在演讲时恰到好处地利用幽默的语言来弥补自己的缺陷。

1993年10月，他参加加拿大总理竞选，对手利用他的脸部缺陷进行人身攻击，但他泰然处之，以自信来应对对手的侮辱，他的人生经历和他的"我要带领国家和人们成为一只美丽的蝴蝶"的竞选口号，博得广大选民的支持，当选为加拿大总理，并在1997年和2000年两次大选中连续获胜。他就是让·克雷蒂安。

缺陷不可怕,困难不可怕,问题不可怕。没有对成功的渴望,没有人生追求才可怕。发自心底的渴望和不懈的追求会产生意想不到的力量,可以创造人间奇迹。

故事给了我三点启示。

第一,人具有内在自我发展的动因,并外在地表现为不满足于已有的定论,不屈从于因外在的压力而放弃自己的主张。还表现在对自我现状的不满足和否定,致力于追求更高水平、更完善的发展。人的天性中这种生命的创造冲动欲求,就是自我发展的强大动力。

第二,教育的本质就是要唤醒人本身的这种创造冲动和成功欲望。中职教师首要的职责是要为学生"点燃"求知的欲望,让他们醒悟过来,让他们内心的欲望重新燃烧起来。中职生是一个充满变化、高度可塑的成长型群体,是一座潜能无限的"活火山",如果喷发,将创造出令人惊叹的奇迹。

第三,教师对学生的信任、肯定对学生成长有重要作用。

教师要相信学生内心充满了对成功、成才和被认可的强烈欲望,并通过口头语言、肢体语言、物质精神奖励、任务授权等各种方式,让学生感知到老师对其成长欲望的信心和信任。教师还要善于运用暗示、想象等心理教育手段,让学生形成"我能行"的积极心态,以激发学生个体的心理潜力。学生一旦觉得"我能行",他们的内在动力和潜能就会被激发,他们就会显得聪明、能干、懂事、有悟性。而且为了做得更好,会表现得更出色,他们还会充分调动自我监督、自我检查、自主激励的主观能动力。会计教学中所有课堂的设计都应遵循这个本质,创设让学生满足欲望和展示成功的各种平台,形成"展现—习得—展现—创造—展现"的良性螺旋发展模式,让学生不断地在成功体验中提高学习效果,实现学业的提高。

案例在线

2006年9月,裴先峰抱着"学技术、找工作"的愿望进入中职校学习焊工专业。当他从老师和学长那里得知,焊工要学好,既要认真听讲、多看书学好理论,又要多上手操作、用心琢磨。于是裴先峰每天放学后都留在教室里看书,每次操作完集体讲评后,都要把自己的试件拿给老师点评,并详细记录整理。

就这样,高中三年他的焊接水平由班里的中等提升到遥遥领先,在全国焊工"希望杯"比赛中获得第六名,并通过了中级资格证的考核。

　　由于成绩优异，裴先峰高中毕业进入了石油化工特级企业——中油一建。进入企业后他暗下决心"要早日成为焊接能手"。他苦练加巧练攻克了一个个"障碍焊"工艺难题。队长看出了他的努力，安排技术能手与他结对，让他加入攻坚小组。这下他的长进更大了，在国家级、省级的多次大赛中获奖，被评为"中国石油集团技术能手"。

　　裴先峰没有停止前进的脚步。2011年10月，在英国首都的赛场上，他以娴熟的技能、高精准的技术取得了第一名，五星红旗在国际赛场上升起，他成为中国工人在国际技能比赛中获奖的第一人。

　　为什么裴先峰用了短短四五年的时间就走完了普通工人20多年才能走完的路？他一开始就比别人强吗？他为什么能圆梦？因为裴先峰敢于"做梦"，并让梦想成真，他在成长的每一个节点都有奋斗目标，追梦不止、逐梦奋进。

　　　　　　　　　　（资料来源：蒋乃平.职业生涯规划.北京：高等教育出版社，2013.）

（三）关爱——唤醒兴趣

　　我姐姐大我十六个月，小时候我总是跟着姐姐玩耍，是姐姐的"小尾巴"。在姐姐上小学后，五岁的我也跟着进了课堂，懵懵懂懂地成了小学生。我年龄比同班同学都小，一点也不懂事，根本不知道学习是怎么回事，再加上不喜欢跟年龄大的同学一起玩，很多时候都只能默默哭泣。就在我心灰意冷再也不想去学校的时候，来了一个新老师——练老师。细心的练老师看出了我的烦恼，做活动时总是把我安排在他的视线里，下课后悄悄地为我补习功课，我感受到了老师深深的爱和时刻被关注的温暖，心灵的鸿沟在不知不觉中被填补了，对功课的领悟力甚至超过了年龄比自己大的同学。有一天，数学老师病了，乡村里没有多余的老师，练老师就叫我给同学讲讲分数的通分运算。在我为同学讲课的那一时刻，我感觉自己已经不是班里最小的那个孩子了。在同学惊讶的眼神里，我找回了自信。也是从那一天起，我感觉到内心有一股不可言喻的强大的力量，起床早了，走路快了，声音亮了……心中有了清晰的梦想——长大了要当老师，当个好老师，努力读书，考上好中学，考上好大学。

　　是什么唤醒了我沉睡的心？现在回想起来就是老师对我的信任，是师爱。练老师用满腔的热情，用爱帮助我融化心里的冰块，激发了我的内在动力，才使我变得聪明、能干、有悟性，才使我较早地有了自我意识的觉醒。

　　练老师的言传身教让我明白：在一个班里，对于那些心智成熟度低的学生而言,教师应从培养他们良好的非智力因素入手,启发诱导,激发兴趣,唤醒他们心中沉睡的力量,用情感和关爱开启学生心灵。

第一,要加强对学生的心理辅导,对心理困惑的学生进行个别辅导,以帮助他们树立正确的自我意识,解决学业上的问题,形成良好的人际关系,克服心理闭锁等心理障碍,使学生健康成长。

第二,组织开展丰富多彩的活动。通过社团活动、郊游、社会实践等形式,调节学生的紧张情绪,提高学生的参与意识,加强学生之间的交流和合作,加强学生间的关系,促进学生身心健康。

第三,教师要用发展的眼光看待他们,对他们的正确观点和看法要予以承认和接受,甚至给予帮助和支持。

没有爱就没有教育,尤其是对那些不那么出色的学生,更要用爱来温暖他们,取得学生的充分信任,关注他们的每一点进步,只有这样才能唤醒学生的学习兴趣,建立自信,形成内在学习动力。

案例在线

小西是我的一个学生,他性格暴躁、易冲动,爱使用暴力胁迫他人服从,会与老师对抗,破坏力很大,是令我相当头痛的一个学生。

一次技能课上,同学说他的作品做得丑,他立即将作品揉成一团,气得浑身发抖,同学又说笑了一句,他便握紧拳头向同学打去。类似的情况经常发生,渐渐地,班里的同学个个疏远他。这样的孩子教师必须帮助他,否则这些孩子很可能走向堕落。

通过了解,小西爸妈在外地打工,小西跟着爷爷奶奶生活,远离父母的爱护,极想得到爸妈的疼爱,渴望得到却又不能实现。因此产生焦虑、易怒、情绪不稳定等心理特点,行为上表现出暴力、与师长对立等。内心的不愉快在家里不便宣泄,在学校便极力寻找宣泄口。究其原因是缺少关爱和正确的引导,长期以来的不良习惯,没有得到及时纠正。

对这样的学生,说教往往是无法奏效的,而关爱他往往能起到神奇的作用。他的个子较高,坐在教室的后排,情绪好的时候,听课还算认真,不高兴的时候就趴在桌上睡大觉。他成绩中等,喜爱数学,但技能很差,且没有信心,再加上边上几个技能好的同学老取笑他,于是他更不想学了。为了便于观察和帮助他,我把他调到了第一排,边上安排一个很有耐心的女同学。得到老师更多的关注,又有同学适时的帮助,他慢慢地用心起来了。

为了彻底摆脱几个同学的取笑,我与小西一同制订目标与计划,每周末小西都在家里训练,两个月不到,小西的技能大有长进。功夫不负有心人,他在我鼓励他参加的比赛中获得了校级三等奖,这是他第一次在技能上取得如此的成功。他改变了对自己的看法,增强了学习信心。

每个学生的身上都有闪光点。教师帮助学生找到更多的闪光点,并创造条件让他发挥,给予支持让他成功,使之产生成功感并体验良好的情绪,是帮助学生走出心理误区的重要举措。运动会前夕,他在和班长讨论有关入场式的服装问题。我顺水推舟,把这件事交给了他和班长去打理。几经筛选,终于确定了最满意的服装。在他的鼓动下,全班同学一致同意购买,并在入场式上展现了最佳风采。

慢慢地,小西已不再是一块顽石,爱顶撞老师的历史,也已经渐渐被遗忘。如今小西已经是大学生了,去年的教师节前夕,他给我打来电话,致以节日的问候。并告诉我,经过他自己的努力,已经拿到学校的一等奖学金。我在向他表示祝贺的同时,不禁感慨万千:有谁能想到他曾是一个技能不好,脾气暴躁,经常顶撞老师的孩子呢?

学生的心灵就是一块田地,无论这块田地是肥沃的还是贫瘠的,是荒芜的还是硕果累累的,教师都要用心去侍弄。

(四)鼓舞——唤醒自尊

自尊,即自我价值感,对自己的综合价值的肯定和认可,每一个生命都应该拥有自尊。自尊是一种信念,也是一种力量。一个人一旦开启对自我价值感的需要,也就产生了对成就、自信、名誉、赞赏等的强烈渴望。

"我一看你修长的小拇指就知道,将来你一定会是纽约州的州长。"一句普通的话,就改变了一个学生的人生。此话出自1961年美国纽约大沙头诺必塔小学董事兼校长皮尔·保罗之口,话语中的"你"是当时一名调皮捣蛋的学生罗杰·罗尔斯。小罗尔斯出生于美国纽约声名狼藉的大沙头贫民窟,这里环境肮脏、充满暴力,是偷渡者和流浪汉的聚集地。因此,他从小就受到了不良影响,读小学时经常逃学、打架、偷窃。一天,当他从窗台上跳下,伸着小手走向讲台时,校长皮尔·保罗将他逮个正着。出乎意料的是,校长不但没有批评他,反而诚恳地说了上面的那句话。

　　当时的罗尔斯大吃一惊,因为在他不长的人生经历中只有奶奶让他振奋过一次,说他可以成为五吨重的小船的船长。校长的话唤醒了他的自尊心,他记下了校长的话并坚信这是真实的。罗尔斯深受鼓舞,从那天起,"纽约州州长"就像一面旗帜在他心里高高飘扬。罗尔斯的衣服不再沾满泥土,语言不再肮脏难听,行动不再拖沓和漫无目的。51岁那年,他终于成为美国纽约州历史上第一位黑人州长。

　　德国著名的教育家斯普朗格曾说过:"教育的最终目的不是传授已有的东西,而是要把人的创造力量诱导出来,将生命感、价值感唤醒。"故事中的皮尔·保罗之所以能"妙手回春",就是因为他唤醒了罗尔斯实现自我价值的欲望,改变了他的心智模式,让罗尔斯有了梦想,激活了他自我提高的强大动力源。

　　苏霍姆林斯基告诉我们:"自尊心是学生前进的潜在力量,是前进的动力,是向上的能源,它是高尚纯洁的心理品质。"中职教师的一个义不容辞的使命,就是培育和呵护学生健康的自尊心,唤醒其生命感、价值感,改善其心智模式,形成学习内驱力。

　　课堂中教师们经常会碰到个别学生故意弄出各种动静,影响上课秩序的现象。对于这样的学生老师往往很生气,会对学生进行批评、警告、惩罚……但之后发现并不管用。怎么办呢? 我们的学生是有血、有肉、有情感、有自尊的生命个体,是生命就懂感情、有思想,有感情就可以感化。教师要与学生平等地沟通和交流,尊重他们的想法,不能强行要求学生这样做或那样做,应用人格魅力影响和引领他们,用知识和智慧开启心灵,解放学生被压抑的自尊心。

　　第一,教师要用心去研究这些行为背后的心理诉求。当理解了学生行为背后的目的时,我们便可采取积极的方法而不是处罚来帮助、鼓励这部分渴望得到认可的学生。

　　第二,教师要看到人性的美好,看到每个学生都有聪明、好学、向善的一面,让学生在"我是好学生"的心态中成长。教师通过给予肯定的眼神、微笑以及拍拍学生的肩膀等非语言行为,使学生感到温馨,心领神会,回味无穷。

　　第三,教师要从细微处看出学生的成绩和优点,及时准确地给予表扬。只要学生表现出良好的行为,教师就应该及时鼓励强化,久之,学生就会养成持久的良好行为习惯。评价学生的作业时,教师写上"你进步了""你今天的作业真棒""今天你的字很漂亮""老师希望每次都能看到你写得这么认真的作业"等这样的评语,将会产生无穷的力量,使学生的作业一次比一次好。肯定学生的发言,如"你的发言触动了我的思维""你理解透彻,表达流畅且自信满怀,我非常欣赏你""我还没想到这一点,你懂得比老师还要多"。大量的实践证明,教师对学生的赏识,能对学生产生巨大的鼓舞力量。

学生书读不好,很多时候不是老师教得不好,也不是学生学得不好,而是学生的自我价值感没被唤醒,心结没被打开。一直以来很多老师认为唤醒学生的自尊这个问题应由班主任来做,学科老师只要管住自己的课就行。事实证明,这是在推卸责任。对学生的鼓舞应该渗透在学校教育的各个层面。

一次赞赏就可能唤醒一个生命的自尊。会计心理导向教学要求任课老师要及时地表达对学生的赞赏,这不仅是需要做的工作,而且是首要的工作。

案例在线

2004 年 9 月 13 日,《江淮晨报》登了这样一则自述的教学故事——合肥市南门小学的一位数学老师唤醒长期自我封闭的 A 同学。

"一天,在我的'千呼万唤'之中,A 同学举手发言,尽管声音很小、很弱,但毕竟是第一次,我在黑板左上角,用彩色粉笔重重地写下'1'字,饱含深情地对全班同学说:'A 同学从"0"到"1"是一个飞跃。万事开头难,我们相信,从无到有的 A 同学,一定能从少到多。'教室里顿时响起了热烈的掌声。A 同学不时露出羞涩的笑容。第二天的数学课 A 同学似乎特别认真。下课铃响后,我问学生:'A 同学今天发言几次?''2 次。'同学们为 A 同学的进步而高兴。我把黑板左上角的'1'改成'3'。就这样,黑板左上角的数字不断变化。一年以后,A 同学再也没有了往日的胆怯和自我封闭,他成了一个热情开朗的学生。"

表面上是粉笔的力量唤醒了 A 同学的激情,事实上是老师用心唤醒了学生的存在感与价值感。

(五)体验——唤醒自主

我的学生吴小宝,是一个英俊、机灵的小男生。这个会计专业的小男生,偏偏一见数字就头疼,一到上课就犯困。但他酷爱手机和电脑,即使在上课时,他也要将手机藏在袖子里,趁老师不注意时拿出来玩两下。

秉着不能让自己的学生浪费美好的青春年华的想法,我决定帮助他。首先唤醒他对人生的向往。我请他看电影《致青春》,看视频《马云的成长故事》,讲学长们的故事……在持续的熏陶中,小宝燃起了青春的小火苗,终于也想成为

"不一样的烟火",不虚度青春。

为了帮助他建立自信,我从他喜欢的电脑入手。我有意识地叫他帮我上网搜索资料,帮我做多媒体特效……他变得忙碌起来,整天在老师和同学中穿梭。教室里不时地响起"小宝帮我一下""小宝,这个要怎么弄呀"的声音。从帮我做电脑技术方面的事到帮我录入资料,从整理凭证到电算化,无意中他已经把自己当成了我的小助理。

一次,我策划了"会计达人"比赛活动,以提高学生的技能水平。正当我愁着如何制作题库时,他主动提出要帮我搞定这个难题。300道单选题、300道多选题、300道判断题,加赛三个环节,1000多张PPT,3000多个动态制作,我担心他会因此耽误学习,他却很自信地向我保证"一定能安排好"。第二天,他与四个同学一起来找我,他自信地对我说:"老师,这是我们的制作团队。"当场布置任务后,他们马上就开始行动,仅仅用了半个月的时间就完美地完成了任务。比赛那天,他控制抢答器,当1000多名师生观看了六个决赛队精彩的比赛后,连连称赞这个制作团队。当我向大会介绍这次海量题库的制作者是吴小宝团队时,场上响起了雷鸣般的掌声,他体验到了成功,享受到了尊重。校长为他颁发了"大赛题库制作者"的奖杯。领奖台上他高高举起奖杯,脸上充满自豪和喜悦。

他的成功不是制作了这个题库,而是在制作题库的过程中发现自己的能力。他说:"原来一天可以做那么多事情,原来有的事情想起来难,可做起来并不是那么难。"从此,他形成了遇事有主见、积极主动,敢于为自己行为负责的心智模式,自主地把这种做事的劲头用到学习上,成绩直线上升。

美国心理学家索里和特尔福德等认为,人类社会性动机中有交往性动机和威信性动机,而威信性动机是更持久的动机。威信性动机是人们要求在社会上取得一定地位、待遇的愿望的体现,如追求别人对自己的尊敬,希望得到别人的肯定和赞扬,向往获得成就。威信性动机也是学生学习自主性和积极性的心理基础。教师要时常举办各种竞赛活动,或授权学生独立自主地完成一些任务,为学生创设成功体验的平台,激发威信性学习动机。实践证明,竞赛是激发学习积极性的有效手段。在竞赛过程中,学生对自尊和自我求成的需要会更强烈,学生的学习兴趣和克服困难的毅力会大增,学习和工作成效一般比没有比赛的情况下要好得多。当然,要根据学生的基础和心理特点来设计竞赛项目及其难度,而且让全体学生参加,尽可能扩大奖励的覆盖面,让更多的学生获奖,学生会因为自己的成就而激发自我提高的内驱力。教师可以根据学生的填报情况来了解学生的兴趣特长,然后再设置比赛活动项目。教师通过多元化、开放式的活动,给学生舞台,使他们充分展现自己,从而努力学习。当然,部分学生也可能在比赛的情况下反而学得差了,这是因为刺激超出了他们的承受力,所以设计比赛时也要考虑学生的适应性。

在课堂上教师要给予学生更多体验的机会,尽可能让每个学生都有感受成功的机会。

机会一:授予"小先生"称号,体验成功感。

每个班总是会有一些学生领悟得特别快,就让他当"小先生"、当助教,体验成功。这部分学生会因为自己的能力得到老师、同学的认可,而进一步增强自信心,提升发展目标。

机会二:参与实践,体验成功感。

创设人人参与实践的机会,让人人都有成功的体验。成功的展示会给学生带来被大家认可的快乐和自豪,学习的兴趣就能得到进一步的巩固和提升。

机会三:巧设任务,体验成功感。

对一些发展相对落后的学生,要合理、适当地设置任务,并设计好体验项目,让学生稍加努力就能完成任务,通过不断地累积成功,促使学生增强学习的兴趣,挖掘学习的潜能。

有了成就感,就有了自信心。在课堂教学中,可以创设很多的机会让学生灵活运用所学内容,去感受成功。我们只有创造机会、抓住机会,才能让学生自主学习,才能让学生学得更轻松、更快乐,我们的课堂才能更美好。

(六)活动——唤醒自信

陆游《示子遹》中有"汝果欲学诗,工夫在诗外"的诗句。"工夫在诗外",是指要到生活中广泛涉猎,开阔眼界,才能写好诗。韩国的全惠星博士,她将6个子女全部培养成哈佛大学或耶鲁大学的博士,并用自己的教育方式震撼了世界。全惠星在接受美国哥伦比亚电视台专题采访时,透露了她独特的教育理念:"我在研究中国古代文化中受到了启发,中国有句话'工夫在诗外',运用到我的教育方法中就是功夫在'学'外。"

在我的教学生涯中,我也一直坚信功夫在"教"外,并付诸行动,取得了成效。我有一个叫赵小明的学生,高大英俊,可是他对自己的学习没有信心,整天无所事事地混日子。在和他交往中我发现,他其实是个挺可爱、挺有才的孩子,体育运动、唱歌、朗诵都很不错。我决定跳出专业,从他的闪光点入手,唤醒他的自信心。学校每学年都会举办青春形象大赛，我找他谈心，鼓励他参加比赛，给他看了之前的比赛视频，与他一道分析了他的优点和实力。信心被初步唤醒，他决定参加比赛。在我的指导下，他设计了才艺展示方案，为此他积极投入训练，为青春形象大赛做准备。3分钟的自我介绍演讲，3分钟的才艺展示，3分钟的成长故事介绍，3分钟的未来畅想……都说"台上一分钟，台下十年功"，为了这一个个3分钟，为了一句话，为了一个动作，他找语文老师，找音乐老师，找班主任，老师办公室里穿梭着他忙于求教的身影。两个月下来，小明破茧成蝶，在青春形象大赛中获得了第一名，赢得了全校师生的喝彩。更让我高兴的是，从那天起他的自信被充分激发，学习变得十分刻苦。除了专业课程，他还选择了一些自己喜欢的选修课程，各方面的能力都有了很大提高，最终考上了心仪的大学。

教育其实挺神奇的，一句话、一次成功的展示就可能改变学生的一生。小明就是通过特长展示，发现原来自己这么优秀，进而建立了自信，改善了心智模式，带动了专业学习的进步。

小明的经历生动地告诉我们，教师要把教书育人的工作做好，功夫其实在"教"外。学校和教师要跳出狭小的课堂，拓展学生成长的空间，组织丰富的面向全体学生的才艺展示活动，如青春形象大使、歌咏比赛、书法比赛、演讲比赛、跳绳比赛、打字比赛等，丰富课外活动，促使学生动起来，让每个学生都有事可做，让每个学生都有亮点可展示，将学生旺盛的精力引导到正轨上来，这与说教式、灌输式的品德教育相比，往往更能取得事半功倍的效果。学生在活动中展示特长，在特长展示中找到自己在班集体中的位置和价值，在反复的成功体验和展示中发现自己的优点和潜能，使自信成为一种习惯，建构起积极向上的自信模式、心智模式。同时，丰富的活动，让学生掌握多种技能，提升综合素养，提高通用管理能力，为将来的职业化发展奠定基础。

案例在线

杭州西湖职高青春形象大赛

2016年5月24日，西湖职业高级中学的体育馆内音乐响亮、人头攒动，一场别开生面的演出即将拉开序幕。舞台、灯光、摄像机、大型电子屏幕，一切准备就绪，只待主角登场。一阵节奏明快的音乐响起，帷幕被拉开，一个个洋溢着青春自信笑容的少年踩着轻快的脚步走向舞台。他们手拿道具,摆出各种造型,姿势优美。他们颇具专业性的服装和道具一下就让人了解了他们是来自什么专业的选手。他们吸引了台下无数双眼睛,并迎来了亲友团阵阵的欢呼声和鼓舞声。这场名为"青春形象大赛"的比赛,与其说是一场比赛,不如说是一次展示,展示了专业佼佼者的青春风采。他们专业水平突出,心态积极向上,多才多艺。从初赛到复赛,再到今天的总决赛,这些选手在激烈的竞争中脱颖而出,在这个只属于他们的舞台上展现他们最高超的专业技艺、最自信的气质。

整场比赛分为三个环节:青春亮相、风采展示和未来畅想。在风采展示环节,每个选手都亮出了自己的绝活。1号选手娴熟的刀法在西瓜上雕出了一朵富贵华丽的牡丹花;曾获过全国武术比赛冠军的3号选手,向观众展示了高超的中国武艺;5号选手外表柔弱,可内心藏着巨大的能量,她表演的点钞,手法精确,速度飞快,只见一张张纸币在她手中唰唰而过,让人惊叹……

在最后一个未来畅想环节,每位选手都述说了"曾经的自己"和"现在的自己"的对比,让大家为之动容。例如胡浩浩同学,在初一、初二时,贪玩厌学,初三时,班主任在教室后面的墙上让每位同学贴了自己的目标,他也不例外。虽然在最后的一个学期醒悟了,开始努力奋发,但为时已晚,他在周围一片反对声中毅然决然选择了西湖职业高级中学的建筑专业,并坚信自己一定能实现自己曾经定下的目标。如今,他真的实现了。

只要有目标,有信心,坚定地、脚踏实地朝自己的目标前进,就能到达理想的彼岸。

(资料来源:刘丽芬.在最好的青春里遇见最好的自己——记我校第四届青春形象大赛.2016-08-15)

(七)规划——唤醒梦想

有一个故事一直深深地影响着我,让我感悟到,学习起点虽重要,但不是最重要的,而有没有明确的目标、有没有坚定的信心、有没有梦想、是不是采用了理想的途径才是最重要的。

美国著名的马术师蒙提·罗伯兹在初中的时候,语文老师布置了一篇题为《长大后的志愿》的作文。那天晚上,他洋洋洒洒写了7张纸,描绘了他的伟大志愿:拥有一座属于自己的牧马场。并且仔细画了牧马场的设计图,有马厩、跑道等,在牧马场中央还有一栋豪宅。

他用了很大心思做完这些,第二天交给老师。两天后,他拿回作文,老师给他打了个"不通过"的成绩,要求他重写,写得实际些,不要好高骛远。

这男孩回家以后反复思量,征询父亲的意见,父亲告诉他:"儿子,这是非常重要的决定,你必须自己拿主意。"

罗伯兹再三考虑后,原稿交回给老师,他告诉老师"即使再拿'不通过'也不会放弃自己的梦想"。

20年后,罗伯兹就坐在牧马场的豪宅里,跟大伙回忆这件事。

梦想成就了他的人生。有了梦想,就有了希望;有了梦想,就有了奋斗的动力;有了梦想,就会鞭策自己努力、努力、再努力。

心有多大,世界就有多大,不会"做梦"的生命注定是平庸失败的。

教师要重视学生的始业教育,要通过精心设计的始业课引导学生敢于"做梦",并且要把梦想与职业生涯规划结合起来。通过梦想主题讲座激发学生的人生愿景;通过偶像引领专业目标;通过学长榜样激发积极状态,并指导学生制定职业生涯规划,让学生找到美梦成真的途径,帮助学生开启充满希望的人生,让职业生涯规划成为学生终身的伙伴,帮助学生获得人生的成功。

一个人清晰地意识到自己的学习目的或学习的意义,通常被称作学习自觉性。学生一旦有了学习的自觉性,就会迸发出学习的极大热情,表现出学习的坚毅精神,就会更加勤学苦练。所以在实践中要帮助学生明确地意识到学习目的或任务,有时候学生对某一具体的学习对象或学习活动并不直接感兴趣,但他对学习结果发生了兴趣,因而支配着他去坚持学习,这就是间接兴趣的作用。

比如在"我的未来不是梦"班级活动课上,我向学生提出了三个问题:若干年后,你想成为什么样的人?你现在是什么样的人?怎样实现梦想?并让学生写下自己三年后的梦想,然后把大家的梦想装入梦想袋,在优美的音乐中加上封条,让学生在袋上签名。并且经常用梦想袋提醒学生努力学习,用这种方式来激励学生会有很好的教育效果。

学生初学会计,对会计知识总是充满好奇,教师可向学生介绍当今社会是市场经济的社会,每个人的吃、穿、住、行等都离不开经济,经济的繁华离不开会计,会计的发展前景很好。对学生选择财会专业加以充分肯定,并抓住时机向学生介绍当今会计界名人的成才简历和当今会计界比较新颖的会计实用技术及其带来的积极效果,从而激起学生对本专业的热爱,把个人的理想同会计职业发展结合起来。

案例在线

奇迹是努力的另一个名字

——赵明亮的会计师梦

"奇迹,是努力的另一个名字。"这句话听起来似乎有些不可思议,奇迹离现实生活好似很遥远,触不可及,但事实上,只要你努力一点点,再努力一点点,奇迹就有可能诞生。奇迹不分大小,没有界定的标准,只要突破自己以往的成绩,战胜自己,都可以称之为奇迹。

一、自我认知

1. 我的家庭环境分析

我来自普通的农村家庭,父母希望我大学毕业后能够顺利找到一份稳定的工作。中考失利后,我选择了相对适合女生的专业——会计,目的就是找到一份相对稳定的工作。

2. 性格分析

我的性格属于阳光开朗型。优点就是做事比较踏实、严谨、仔细,做事有计划,喜欢提前做好准备再行动。此外,性格随和、待人友善、为人诚恳、严谨细心,富有责任感,有一定的进取心,积极参加校内外实践活动,能够及时完成自己该做的任务。缺点是性格略微敏感,创新能力不足,有时缺乏毅力和恒心。综上,我选择了会计职业,因为会计这个职业本身就是一个严谨的职业,需要一个务实的且能够遵守各项准则的人来进行操作。

3. 我的职业价值观

我本人崇尚的职业价值观是遵守规则、诚实守信。会计恰恰就是这样一个职业。诚实守信是会计职业道德的核心。要成为一个会计人员必须要做到诚实守信。我相信我会是一个有着严格职业操守的会计人员。

4. 职业技能

结合测验得知我的能力、潜力较强。工作中能够协同他人共同完成任务,对人较为公正宽容,注意细节;生活中十分注意人际交往。

5.胜任能力

优势能力：积极倾听，协作力强，爱好学习，注意细节，适应力强。

弱势能力：工作经验不足，处事能力较弱。

6.自我分析小结

我从小就比较独立，做事力求做到完美无缺，能尽自己最大的努力做好每一件事。

二、职业分析

1.形势分析

在我国现阶段，几乎每个学校都设有财经专业，尤其是会计专业。每年都有成千上万的会计专业的大学毕业生涌入人才市场。虽说会计是热门专业，但在这种情况下，普通和初级财务人员明显供大于求。但高端财务人员却千金难觅，高端财务是专业技术性很强，对个人素质要求相对较高的财务会计工作，越来越多的企业开始对其会计从业人员有了新的期望和要求。目前，具有几年工作经验，并且取得会计职称的会计人员在市场上成为"抢手货"，这些现状使会计就业市场竞争日益激烈。

2.就业前景

(1)内资企业：需求大，待遇、发展欠佳。

内资企业对会计人才的需求是最大的，也是目前会计毕业生的最大就业方向。很多中小企业特别是民营企业，对于会计岗位，他们需要找的只是"账房先生"，而不是具有财务管理和分析能力的专业人才，而且此类公司的财务监督和控制体系大多相当松散。因此在创业初期，他们的会计工作一般都是掌握在自己的"亲信"手里。而到公司规模变大时，财务复杂到"亲信"无法全盘控制时，公司才会招聘"外人"记账。

(2)外资企业：待遇高，学得专业。

大部分外资企业的同等岗位待遇都远在内资企业之上，更重要的是外资企业的财务管理体系和方法都已成熟，对新员工一般会进行一段时间的培训。外贸企业由于分工细致，往往工作效率比较高。但同时只能学到某一方面的知识，尽管这种技能非常精，但对整个职业发展过程不利，因而难以获得全面的财务控制、分析等经验。

三、目标职业分析

1.目标职业名称

会计师。

2.岗位说明

会计师属于技术职称职位,在技术上需要达到一定的要求。要具备基本的处理业务的能力,熟练运用计算机办公软件及财务软件。

3.工作内容

负责统管单位的总账登记、总账核对、会计报表稽核和会计档案保管工作。审签统管单位的资金收付业务。审核各统管单位报送的资金收支计划和相关的各种报告资料,根据国家规定和预算安排提出具体的处理意见,报上级审批。负责审查会计凭证、会计账簿、会计报表的真实合法情况及其他会计工作情况,有权纠正会计在工作中出现的业务技术错误。

4.任职资格

(1)较系统地掌握财务会计基础理论和专业知识。

(2)掌握并能正确贯彻执行有关财经方针、政策和财务会计法规、制度。

(3)具有一定的财务会计工作经验,能担任或管理一个单位、一个部门、一个系统某个方面的财务会计工作。

(4)大学本科或大学专科毕业并担任助理会计师职务4年以上。

(5)掌握一门外语。

四、规划发展阶段

1.近期目标(2017—2018年)

考出会计从业资格证,考上本科。学好专业知识,调整好自己的心态,更好地适应忙碌的学习生活。

2.中期目标(2018—2021年)

在大学期间,学好专业知识,考出初级会计证。同时参加各种兼职来提高自己的各方面能力,为将来的工作打下良好的基础。

3.第三阶段(2021年—)

找一份稳定的工作,然后准备会计师考试,并在工作上能够有一定的成就。

五、结束语

作为一名高中生,我不能再糊里糊涂地过日子,而是要有理想,要有奋斗的目标,要为自己的将来做打算,要做一个对自己、对家庭、对这个社会都有价值的人。这就是我的职业生涯规划，当然，规划是一方面，最重要的还是要有行动。我是一个能按计划做事的人，所以我相信只要一步步走下去，就可以取得成果。我们不怕目标的高远，只怕没有追寻的勇气、热情、执着。只要坚定着信念，一往无前地进行下去，就会发现很多看起来很难达到的目标，其实并不遥远。奇迹，是努力的另一个名字。

（选自杭州市西湖职业高级中学学生作业）

知识拓展

心理学家推崇的 27 个生活习惯

心态决定思维，习惯影响未来。如何才能培养自己积极的心态呢？培养积极的心态必须从养成良好的习惯开始。

(1)不说"不可能"，常对自己说"这有可能"。

(2)凡事的第一反应是找方法，而不是找借口。

(3)不说消极话，不落入消极情绪，一旦出现问题立即正面处理。

(4)凡事先制订目标，并且尽量制作"梦想板"。

(5)凡事先做计划，尽量将目标视觉化。

(6)工作时间内的每一分、每一秒都做有利于工作的事。

(7)随时利用零碎时间，做或想零碎小活。

(8)写下来，不要依靠脑袋记忆。

(9)随时记录灵感。

(10)把重要的方法、观念写下来，并贴出来随时提醒自己。

(11)肢体语言健康有力，不懒散、不萎靡。

(12)每天出门照镜子，给自己一个自信的笑容。

(13)每天自我提醒一次。

(14)每天坚持做一次运动。

(15)用心倾听，不打断别人说话。

(16)说话声音有力，让自己的声音能产生有感染力的磁场。

(17)说话之前，考虑一下对方的感受。

(18)每天有意识、真诚地赞美别人三次。

(19)及时写感谢卡。

(20)不用训斥、指责的口吻跟别人说话。

(21)不要让自己做出为自己辩护的第一反应。

(22)每天多做一件"分外事"。

(23)无论哪个方面,每天至少进步一点点。

(24)把坏事看成是好事的开端。

(25)多和心态积极的人做朋友。

(26)每天下班前用5分钟的时间,做一天的整理工作。

(27)恪守诚信,说到做到。

(资料来源:心理学家推崇的 27 个生活习惯.[2017-04-10]. https://wen-ku. baidu. com/view/a4dbc267804d2b160a4ec029)

第六章　会计心理导向教学的教学策略

教育要走进学生心灵的宇宙。

——题记

什么是教学策略？国内外专家学者对它的界定，可谓是"仁者见仁，智者见智"。

施良方教授曾指出："教师在课堂上为达到课程目标而采取的一套特定的方式方法就是教学策略。"

商德远教授认为："教学策略是指在一定的教学条件下，为达特定的目标所采用的教学手段和谋略。"

袁振国教授认为："教学策略是在教学目标确定以后，根据已定的教学任务和学情，有针对性地选择与组合相关的教学内容、教学组织形式、教学方法和技术，形成的具有效率意义的特定教学方案。具有综合性、可操作性和灵活性等基本特征。"

尽管说法不完全一样，但是可以从中得到大致相同的概念。教学策略是指在教学过程中，为完成特定的目标，依据教学的主客观条件，对所选用的教学活动程序、教学组织形式、教学方法和教学媒体等进行总体规划。

教学目标不同，教学策略就不同。我国中等职业学校培养目标的定位是培养技能型的人才。技能分为智力技能和动作技能。在知识经济时代，职业教育的课程目标是技能教育目标，但这时的技能已不是传统意义上的动作技能，而是从以培养动作技能为主转变为以培养智力技能为主，从以培养简单、重复的动作技能为主转向培养复杂、灵活的创造动作技能为主。

教师应该采用何种教学策略来促进学生的自主学习，挖掘学生的创新能力，实现教育目标呢？

教育工作的全部意义在于唤醒每一位学生的心，与他们进行心灵的沟通，唤起他们的求知欲。这就要求教师在课堂中采用"走心"的教学策略,以各种方式方法渗透情感、创设情境,使学生对课堂放心,并在和谐的状态下,进行技能切磋、智慧交锋、心灵碰撞,实现知识的升华、技能的习得、能力的提高、素养的形成,最终达成全面、个性、长远的自我发展。

一、以学定教策略

陶行知说过:"先生的责任不在教而在教学,而在教学生学,先生教的法子必须根据学的法子,先生须一面教一面学。"陶老先生明确地指出教师的"教"要与学生"学"相结合,教师为了学生会学而教,根据学生学习情况而教。简单地说,就是以学定教。以学定教就是强调学生的主体性,使学生主动学习、学会学习,要遵循学习规律,并根据学生的基础和能力设计教学方案。这就要求教师深入研究学生,了解他们的智力与非智力因素。智力因素包括注意力、观察力、记忆力、思维力、想象力和创造力。抽象思维能力是智力的核心,创造力是智力的最高表现。非智力因素主要包括动机、兴趣、情感、意志、性格、习惯、自我意识、情绪控制、自我激励、人际关系等。

美国心理学家和教育家布卢姆的掌握学习理论认为,非智力因素是决定学业成绩优劣的关键因素。许多学生之所以没有取得优秀的学业成绩,并不是因为智力的问题,而是因为学生没有付出所需的学习时间,教师没有给予学生恰当的教学帮助,学生学习的方法不对头,只要给予足够的时间和适当的教学,几乎所有的学生都能掌握学习内容。所以教师更要深入研究学生的学习习惯、性格品质等非智力因素,选择适当的教学策略,因材施教,对症下药。

(一)了解学生的兴趣,以趣定教

爱因斯坦说过:"兴趣是最好的老师。"心理学家经过研究也发现,人们对自己感兴趣的事物,总是会努力地认识它、探索它,当一个学生对学习感兴趣时,就会将精力投入其中,学习效率就会提高。

通过观察、调查我们发现,中职学生对书面材料的学习兴趣普遍较低,表现为课前不预习,课中不爱看书,课后更不爱翻书。但是他们对图片、动画一类的学习兴趣较浓,喜欢动手。

事实上,学生之所以对书面知识缺乏学习兴趣,就是因为依赖性太强,不喜欢阅读理解文本。而阅读能力是十分重要的,这是终身学习所必须具备的能力,因此教师要帮助学生慢慢培养阅读兴趣和能力。

如何根据学生的兴趣组织教学以及如何通过改进教学手段激发学生学习动机?

第一,教师改进教学方法,利用现代化教学手段提高学生的学习兴趣。从学生感兴趣的方面着手,通过多用实物教具、多媒体课件、微课视频等能使学生直观地感受到生活实际的方法,把枯燥的内容变得生动、有趣,提高学生的学习兴趣。

第二,鼓励学生进行人生规划。初中时期,有些教师和家长对学生进行了错误引导,致使许多学生误以为考不上重点高中、升不了普通中学,就是"无用",进入中职是不得已的决定,没有实现理想的可能了。所以家长对学生的期望值越来越低,学生对自己也不再抱希望,认为自己不是读书的料。有些学生丧失了学习兴趣,甚至自暴自弃。有梦想才会有动力。对这些学生,要不断激发引导,指导他们制订人生规划,唤起他的内心梦想。

(二)了解学生的动机,以欲定教

心理学家认为,人的行为规律是:需要决定动机,动机支配行为,行为指向目标。当一个目标完成,某种需要得到满足时,就会产生新的需要、动机、行为,以及新的目标。在"需要—动机—行为—目标"这个循环往复过程中,我们看到动机与行为、目标的直接关联。学习的努力程度、主动性、学习成绩都能够通过学习动机来说明。

学习动机是一种非智力因素,是后天形成的一种自主学习的倾向,包括内在动机和外在动机。内在动机是由人的内在需要引起的动机。具有内在动机的学生主要受好奇心、兴趣、满足感等的影响,对问题更加敏感并努力去解决。外在动机是指受外界的刺激驱使而去活动的一种动机,如学生为了得到奖励或避免遭到惩罚而努力学习。学习动机一旦形成,学生就会表现出浓厚的兴趣。

教师要观察学生以了解学生的学习动机,并不断地激发学生的学习动机。

因为学生需要学习动机,所以教师应从满足学生心理需要出发,通过各种手段激发学生的学习动机。

第一,教师创设环境,以新颖性激发学生的好奇心,使学生得到精神上的满足,从而体会到快乐,产生学习兴趣。

第二,设置适合的目标定向,使学生能够通过自己的努力获得成功的体验,以满足学生很快就能学会的心理需要。也就是说,让学生从克服困难中感受内心的满足,而不是从老师的表扬或奖励中感受快乐。

第三,积极进行归因训练。影响学习结果的因素有很多,比如智力、能力、方法、努力、运气、任务难易程度、情绪、环境、他人的帮助等,不同的归因就会造成不同的学习动机。隋光远先生提出首先归因于努力,然后是能力方法、智力、他人帮助等因素。他认为,成功与失败是与努力直接联系在一起的,如果学生在学习中失败,就是因为努力不够。这样的归因不会破坏内部学习动机,在任务选择、行为强度和坚持性方面均表现出较高水平,成功期望较强烈。相反,如果把失败归因于智力,就容易放弃,会认为自己笨,再怎么努力也没用。

第四,善于运用褒奖。从人的心理特点来看,人总是更喜欢听好话,都有被肯定的需要,"良言一句三冬暖,恶语伤人六月寒"说的就是这种心理。所以教师要对学生多进行表扬与鼓励,少训斥。比如老师让学生填制记账凭证三笔业务,某学生填对了两笔,填错了一笔。这个时候,老师应该从积极角度出发更多地肯定学生两笔业务完成得不错,而不是从消极的角度出发批评学生没全部做对。总之,不管学生对老师的点评做出什么样的外在反映,学生内心都是希望得到老师表扬的,如果学生长期受到某位老师的表扬,他就会更喜欢学习这门课,并对以后的课程会产生强烈的学习愿望。

第五,正确应用惩罚。对于学生由于学习态度不端正造成的学习问题,教师要严肃指出并及时采取措施帮助学生改正,所采取的措施越是触及即时利益,影响到心理需要,效果就会越明显。之后进行一段时间的跟踪关注,直到其能够自我改正,端正态度,改善不良学习行为。

第六,设计分层作业。比如学完"工资和福利费的计提"后,布置三类作业:一是必做题,填制分配工资及按工资总额的14%计提福利费的记账凭证;二是选做题,看学习材料,据实列支福利费,做据实列支福利费计提的会计分录;三是拓展题,比较两种福利费计提的异同。教师根据学生完成作业的情况,进一步了解学生的学习动机。如果学生自主选择做了选做题和拓展题,说明学生的学习内在动机强;相反,如果学生只做了必做题,说明学生的学习动机不强,需要特别关注对这类学生学习动机的激发。

总之,只有教师了解、培养和激发学生的学习动机,教学才能有的放矢,实现教育目标。

(三)了解学生的起点,以需定教

教师要充分了解学生的学习起点,根据学生的需求确定教学措施。

(1)教师要充分学习教材内容,把握学生的学习基础。会计教师要充分学习专业教材的内容,对会计专业的整个教材体系有所了解,对各年级各阶段的教材编排有一个系统、全面的认识,更要清楚地认识每个模块的知识内容在教材中的地位与作用,这样就能了解学生各阶段应学会的基本知识,应掌握的技能以及在学习本内容之前有了哪些积累。

在新版的中职会计教材中,专业理论没有编排在一起,而是分散在各实践课程中。根据学生的心理状态和认知规律,教材分别设置了各阶段学习的核心课程:原始凭证的填制与审核(高一上)、账簿的登记(高一下)、记账凭证的填制与审核(高二上、下)、报表的编制(高二下)。教材采用理实一体的教学,使学生有效地进行知识建构。

(2)深入了解学生,确定最近发展区。由于人的社会阅历、学习基础、生活经验、个性特征等不同,每个学生的起点不一样,因此教师要充分了解学生的个体差异,根据学生的实际情况和内心需求设计教学活动,这样才能使课堂教学更有效。正如美国教育家波利亚所说,"教师讲什么并不重要,学生想什么比这重要一千倍"。教师首先想到的不应是我该教什么、该怎样教的问题,而应是学生会学什么、会怎样学的问题。学习提纲应侧重点拨关键、启发问题、激发兴趣,目的是引导学生进入自主的、探究式的学习状态。

苏联教育家维果茨基的最近发展区理论认为,学生的发展有两种水平:一种是学生的现有水平,指独立活动时所能达到的解决问题的水平;另一种是学生可能的发展水平,也就是通过学习所获得的潜力。两种水平之间的差距就是最近发展区。

教学应着眼于学生的最近发展区,为学生提供带有难度的学习内容,以调动其积极性,发挥其潜能,使其超越最近发展区而达到下一个发展阶段的水平,然后在此基础上再进行下一个发展区的发展。

实际教学中我们发现,当教师讲的内容太简单,未达到学生最近发展区的时候,学生往往产生不了兴趣;而当教师讲的内容过难,超出学生最近发展区时,学生同样产生不了兴趣。

因此,教师在教学前,必须了解学生的心理特点、已有经验、学习认知、思维情况等,确定最近发展区,进而确定教学内容和教学方法。

比如在教学"借贷记账法——编制会计分录"一课时,教师就要根据学生的学习情况制订目标。比如,让学生运用最基本的会计等式"资产＝负债＋所有者权益"对简单的经济业务进行分析,并且了解借贷记账法的借贷记账符号以及借贷记账法"有借必有贷、借贷必相等"的记账规则,在此基础上学习借款、存款等简单的会计分录就是处在最近发展区,学生兴致就会高;而如果用第二阶段涉及增值税的购料来要求学生就超过了学生可接受的范围,学生兴趣就会骤然降低。

(3)动态了解学生,抓住课堂生成点。学生是鲜活的个体,他们的认知是动态发展的。课堂上,不断与老师、同学、文本进行对话,思维不断碰撞,不断生成一些新的信息、新的问题。这些新生的资源,有的又会成为学生学习的新增长点,使学生重新处于学习的新起点,获得新的发展机会。

教学中有两种资源特别值得挖掘:一是错误资源。错误能说明学生学习过程中的曲折,暴露了学生思维中的障碍,反映了学生学习过程中存在的疑惑和困难,教师要抓住时机,以此为新起点,展开分析讨论,只有经过学生自己的分析判断、内心真正的认同,知识才能得到重新构建。二是学生的问题。把学生的问题作为课堂教学的起点,知道学生已经知晓的知识,针对学生存在的困惑,顺着问题进一步思考,把学生对文本的解读和学生的思维结合起来,更有利于课堂认知的自然生成,有利于师生共同成长。问题反映的是学生的需要,把学生的问题作为教学的起点,问题就能得到解决。亚里士多德有句名言:"思维自疑问和惊奇开始。"问题是触发学生学习的兴奋点,只有激发学生的学习兴趣,他们才会有更强烈的求知欲和更为深入的思考。

总之,教师的"教"是为学生的"学"服务的。教师要根据学生"学"的需要去教,同时必须要指导学生学会学习。

案例在线

不带息、带追索权票据的贴现

在学习完票据贴现以后,老师提出新的问题——追索权。

师:追索权是什么意思?

生:追去拿。(有同学在笑)

师:说得不错啊。追谁呢?

生:就那个贴现企业。(其他学生都关注他的回答)

师：谁追呢？

生：（想了一下）银行。

师：对。完整地说一下。

生：银行向贴现企业追回钱的权力。

师：很好。在汇票到期时，银行未获付款，可以向贴现企业行使追索权。追多少钱呢？

生：贴现的金额。

师：贴现金额是汇票金额扣除贴现息后的实收款。

生：不对。是汇票金额。因为贴现息是为了先取得款项，贴付利息。而追索权是在到期日票据持有人在付款人拒绝付款时，向票据的背书人和出票人索回票款的权利。

师：哦！这个问题我怎么没想到呢？你的意思是贴现金额是发生在贴现日，追索金额是发生在到期日。

生：是啊，行使追索权的金额肯定是汇票金额。

师：有道理。同学们看一下完整的描述，是不是这个意思？

生：（看 PPT）是的，就这个意思。

师：让我们一起说一遍。

生：在汇票到期时，银行作为持票人向出票人的付款行发起委托收款以获得汇票票面约定的金额。如果银行未获付款，可以行使追索权，向汇票的贴现企业（前手）进行追讨，要求支付汇票款项。

师：很好！

二、情境融合教学策略

教育家夸美纽斯说："一切知识都是从感官开始的。"这个论述反映了人的认知规律。可见，直观可以使抽象的知识形象化、具体化、趣味化，容易使人产生感性认识。情境教学就是利用事物对感官的刺激，促进知识的建构，教师创设与真实情境类似的教学环境，使学生身临其境。在真实情境中学习，一方面可以提高学生学习的参与度，使学习成为学生主动的、自觉的活动；另一方面，使学生从形象的感知达到理性的顿悟，促进学生对所学内容意义建构的同时，缩小知识与解决问题之间的差距，提高学生知识迁移的能力。

根据作用的不同，教学情境分为激发动机和推进学习两种情境。为激发动机创设的教学情境,一般用于一堂课的开始。比如在学习"供应过程核算"知识时,可通过多媒体的视音频功能创设材料市场的场景,以逼真的场景吸引学生的注意力,引起学生的兴趣和关注,激发学生的学习动机。中职学生的普遍特点是注意力差,学习动力不足,所以,教师在课中要继续为推进深入学习创设教学情境,针对教学的需要,将对现实工作、生活经过抽象和提炼的课本知识通过情境的设计还原知识的背景,恢复其生动性和丰富性。

会计是以方法为主的学科,具有很强的社会实践性和专业技术性。在日常生活中,人们很少会关注到会计工作,尤其对于中职学生而言,更是没有接触会计工作的机会,所以要理解会计,创设情境非常重要。

(一)实地展现情境

把学生带入直观实际的场景是情境教学最直接、最有效的手段。教学中通过把学生带到社会、带入生活,观察会计工作的场景,让抽象的会计概念以具体的物化形态呈现给学生,使学生产生深刻的印象。比如在学习记账凭证、账簿时,先带学生到企业中,让学生观摩会计人员填制的凭证和登记的各类账簿,学生产生直观的认识后提出问题,教师针对学生提出的问题,进一步开展理论教学,这样学生的学习效果会更好。

实地观摩的情境教学法,方法虽好,但是因为会计工作的特殊性,联系观摩企业有较大的困难,一般企业不太愿意为学生提供全方位的参观机会。而且现场观摩对组织工作要求较高,学生人数多,不能保证每个学生都能看清楚整个流程,难免有个别学生走马观花。

(二)视频再现情境

拍摄企业场景,对会计工作现场进行录像,播放给学生观看,同样可以使学生身临其境,弥补难以经常组织学生实地观摩的缺憾,有助于理论学习。

(三)模仿感受情境

通过岗位角色扮演可以使学生在对角色的准备、扮演中自主学习。比如在对供应过程的主要经济业务核算的学习中,让学生对仓管员、采购员、采购经理、出纳、会计、供应商、开票员等不同角色进行扮演与转换,使学生对采购过程的物流、资金流产生感性认识,在此基础上再让学生去理解采购方的业务处理就会变得很容易。

(四)虚拟经营情境

教师可创设虚拟经营情境,模仿实际情境,激发学生参与互动学习的积极性,使学生在互动过程中完成对问题的理解、知识的应用,并培养学生的动作技能、智力技能。从真实商业社会的角度出发搭建一个仿真经济环境,该环境要包括企业内部运作的内容,还要包括与税务、工商、银行等有关的外部运作的内容,使企业虚拟经营有血有肉,从而让学生对企业经营的全貌有清楚的认识。在开展制造企业的部门与岗位设置、供应、生产、销售全业务流程的模拟活动中,学生可以了解到企业的运作规律,熟悉企业生产经营的流程、不同岗位的工作内容,体验制造企业的工作场景。

学习任务与真实学习情境必须相互融合,不能处于分离的状态。学习情境要能够以自然的方式呈现学习任务所要解决的矛盾和问题。要求创设不同情境的应用实例和有关的信息资源,以便学生根据自身情况主动发现、主动探究。

(五)实训教学一体化

会计专业采用的与一体化课程相符合的设备主要有两类:一类为单一的任务实训环境,主要为基础教学提供服务;另一类为组合的任务实训环境,主要为综合任务教学和创新教学提供支持。会计专业的模拟实训室环境与理工机械类不同:一是会计专业的设施设备投入成本不是很高,主要设备有电脑、投影仪、电视机、档案柜、点钞机、企业模拟经营沙盘等。二是实训耗材,包括领料单、差旅费报销单、转账单、账簿、仿真支票、仿真增值税专用发票、仿真增值税普通发票等原始凭证,收款凭证、付款凭证、转账凭证、通用记账凭证等各类记账凭证,各类账簿报表,以及银行、法人等各类模拟用章。三是教学软件,主要有用友、金蝶等财务软件。四是为小微企业打造的管理云平台畅捷通教学版,这是基于互联网应用特点的网络教学软件,有发票管理、提供便捷的记账功能、与报税系统打通、可直接在系统中生成财务报表、内置在线学习等特点。五是教学环境设计。构建校内模拟实验室的关键是教学情境的设计,将企业的点点滴滴融入实训场所,设置账务处理流程、任务、角色、流程制度、岗位标识、一体化实训室的管理制度、一体化教学角色职责等一系列制度,无缝对接企业环境、流程和管理,营造贴合企业实际的一体化教学工作场景,从零开始培养学生的工作习惯、工作流程及责任意识。总之,一体化的实训环境以及教学过程中的角色互换能为实践教学提供有利的情境。

(六)现场化教学

校内技能练习有助于学生掌握会计专业的知识和技能,但毕竟是在校园内的单纯技能训练,与企业的真正实务操作的复杂性是没法相比的。所以,要以校企结对、职教集团等形式建立相对稳定的实践基地,强化实践教学水平。对会计专业来说,除了职教集团企业外,要积极拓展校企合作单位。就目前看,要争取与财务人员需求量相对较多、业务量较大的代理记账公司、财务咨询公司签订合作协议,尽量为学生创造实岗实训机会。采用师傅带徒弟的现代学徒制,推进在校学生入企参加实习。学生在实习期间,企业安排实践经验丰富的工作人员带领实习学生参与职业技能实习,一个师傅可以带多个实习学生(徒弟),实习学生记录工作流程,企业全程跟踪学生的学习并记录,同时提供指导,实现校企共育人才。也可以设立免费提供办公场地和设备等优惠条件,吸引社会人员入校开设财务机构,这样既能为企业降低成本,又能为学生提供实训场所,实现学校和企业协同发展。

案例在线

以高一为例,设计四个长短学期。短学期以职业认知为主,让学生初步认识所学专业,明确学习或成长方向。然后设置一个长学期,让学生在一定的目标指引下有方向地学习文化知识和专业知识。再设置一个短学期,解决两个问题:一是把初步所学的专业知识应用于实际,使学生获得成就感;二是在企业或实训中心的实践过程中让学生感觉到还有许多专业知识没掌握,从而激发其学习的强烈愿望。最后一个长学期让学生带着成功感和求知欲进一步学习文化知识和专业知识。

比如杭州西湖职业高级中学对 2015 级学生的第二个短学期安排了两个专业应用体验环节:

第一环节,体验做账过程。2017 年 3 月,在专业老师的组织安排下,会 151 班同学每小组到学徒制基地——云创公司进行专业体验。在师傅的指导下,体验了审核原始凭证、登录制单界面、录入凭证摘要、选择会计科目、键入报账金额、确定保存记录、上传记账凭证、装订凭证等工作。通过用眼看、动嘴说、用耳听、动手做,真切体验到理论知识在实际工作中的运用过程。活动结束时,各组成员都感到受益匪浅。

第二环节,分享工作经验。3月29日下午,学生逐一做了交流发言,大部分学生讲到把所学的专业知识应用于实际很有成就感,也谈到在企业或实训中心的实践过程中发现还有许多专业知识没掌握,需要加倍努力学习,要考上理想的大学。

三、业务故事化教学策略

歌德说:"哪里没有兴趣,哪里就没有记忆。"把经济业务编成故事、进行会计故事化教学,让学生对枯燥的借贷知识产生兴趣这是一种符合中职学生学习心理的策略。

业务故事化教学,能把复杂问题变得简单,把枯燥变得有趣,降低学习难度,提高学生的学习兴趣;能使学习过程由烦闷变为愉快,学习负担由沉重变为轻松,学生能更快、更好地掌握会计专业知识要点。

会计专业的特点决定了教材内容的严谨性、技术性、理论性与专业性都很强,教材中没有优美的抒情语言,没有赏心悦目的图画,难以吸引高中阶段的学生。教师怎么去引发学生思考,逐步培养他们的思考力?从教学实践看,将教学内容以故事化的形式表达,不失为一个吸引学生注意力和调动学习兴趣的十分有效的方法。故事化教学具有使人感到愉快,使人更容易理解和掌握知识的特点。首先,采用故事化教学,能很好地达到培养学生学习兴趣的目标。孔子曰:"知之者不如好之者,好之者不如乐之者。"对学习的专业知识感兴趣,学生才会变被动为主动,以学习为乐。在快乐中学习,不仅能提高学习的效率,还能够加深对专业知识的理解,这样学到的专业知识才能被灵活地运用于实践。其次,化腐朽为神奇。将会计教材中的理论知识转化为生活中的故事,将枯燥的专业化语言转化为耳熟能详、浅显易懂的通俗化语言,使学生更易理解和掌握知识。第三,能使中职学生更快、更好地掌握会计专业知识要点,达到预期的教学效果。第四,能引导学生关注生活,把生活与学习内容结合,使学生亲近专业。

随着会计专业的不断发展,会计专业中经济业务的会计核算处理成为学生学习的核心。在中职学校会计专业教学中,对该模块的学习也是学生在学习过程中的难点和分水岭。在对"记账凭证的填制与审核"课程的学习过程中,基础好的学生对知识点理解得较迅速和到位,而基础差的学生在学习中出现理解能力不够的现象,导致兴趣下降,个别学生甚至产生厌学的心态。将业务故事化,则能很好地引发学生的兴趣,提高学习效率,使学生易于理解知识点,取得良好的学习效果。

比如,讲授"固定资产清理"的知识点时,可以采用下面的一则小故事。王老师花了 20 万元买了一辆高尔夫汽车。当时打算使用 10 年时间,平均每年花费 2 万元,到现在正好开了 3 年,相当于消耗了 6 万元,本钱还值 14 万元。前几天,她生日的时候,她老公送了她一辆奥迪汽车。王老师想卖掉高尔夫汽车,可是二手车怎么才能卖个好价钱呢?有人给她出主意,喷一下油漆,看起来会新一点,能卖得好一点。王老师昨天花了 5000 元喷了一下油漆,车的本钱由 14 万元变成 14.5 万元。今天凑巧车子以 15 万元的价格被人买走,净收益 5000 元,王老师可高兴了,还给我们发红包呢。王老师这账是怎么算、怎么记的呢?

然后引导学生分四个时间点来记录:转入清理、支付清理费、出售、确认净收益。再让学生认识各节点的原始凭证。最后再介绍"固定资产清理"这个过渡账户的结构和功能。

案例在线

小王大学毕业,决定自谋职业。和家人商量后,决定开一家小型软件开发公司。开公司需要创业资金。8月小王通过以下渠道筹集了 100000 元:家庭投入 50000 元;银行贷款 50000 元。100000 元资金都存在银行。

它们间的相互关系可以用一个恒等式表示:

银行存款 100000＝家庭投入 50000＋银行贷款 50000。

上述恒等式如果用会计语言表达,则为:资产＝所有者权益＋负债。

资产:银行存款 100000 元是小王能够控制的给自己带来经济利益的资源。

负债:银行贷款 50000 元是小王承担的未来经济利益流出的现时义务。

所有者权益:家庭投入(本钱)50000 元属于小王自己所拥有的经济利益,为资产减去负债之后的差额。

公司经营后,银行存款用于多方面开支,有 60000 元从银行存款中划出,其中 30000 元买设备,20000 元买材料,另提取现金 10000 元备用。无论怎么变化,上述恒等式不变,即:

资产 100000(设备 30000＋材料 20000＋现金 10000＋银行存款 40000)

＝所有者权益 50000＋负债 50000。

年底,小王算了算公司开业以来的经营情况:收入 50000 元,支出材料费、人工费、房租费等 20000 元。于是,利润 30000＝收入 50000－费用 20000。

同时,12 月 31 日小王发现公司的资产状况也有了新的变化:

$$资产 130000＝设备 60000＋银行存款 70000$$

如果此时小王公司的负债和所有者权益还是最初数,那么恒等式该如何表达?

$$资产 130000＝负债 50000＋所有者权益 50000＋?$$

显然等式右边的差额 30000,即为小王公司实现的利润,这部分利润应该是归属于小王公司的新增权益。如此的话,恒等式即为:

$$资产＝负债＋所有者权益(本钱＋利润)$$
$$资产＝负债＋所有者权益$$

说明某一天,小王有多少资产,还欠债多少,自己有多少本钱。这反映了小王的财务状况。

$$利润＝收入－费用$$

说明某一段时间内,小王盈利多少。这反映了小王的经营成果。

四、合作学习策略

"独学而无友,则孤陋而寡闻。"(《礼记·学记》),可见早在两千多年前,我国儒家大师就倡导学习者在学习过程中要互相切磋,彼此交流学习经验,以提高学习效率。并把"乐群""亲师""取友"纳入到私学制度中。其中的"乐群"就是指学习者能与同伴保持良好的合作交往关系。到了 20 世纪 30 年代,陶行知先生针对我国的教育现状,吸收了美国教育家杜威的教学思想,提出"小先生制",让学生一边当学生,一边当先生,把学到的知识教给周围的同伴,收到了良好的实践效果。"小先生制"包含了许多合作学习的要素。随着我国关于合作学习的第一篇译文于 1982 年在《心理科学》杂志(罗伯特·期莱文.关于合作学习.傅志烈,译.心理科学,1982(5):52-58)上发表以来,关于合作学习的研究在国内已经遍地开花。在新一轮课改中将其写进了《课改纲要》,合作学习成为此次新课改大力提倡的方式。

从国内外合作教学的理论和实践来看,目前的合作教学活动的主要取向有四种,即生生合作学习、师生合作学习、师师合作学习和全员合作学习。本书针对前两种合作学习论述其相应的合作学习策略。

(一)生生合作学习策略

生生合作学习就是以学生与学生之间的合作互动为基本特征的教学,学生与学生之间的互动的普遍性,能改善课堂内的社会心理气氛,充分利用宝贵的人才资源提高学生的学习成绩,促进学生形成良好的非认知品质。生生合作借助小组活动的形式进行。当组内能力较强的同学对较难理解的问题阐述自己的观点时,组内其他成员可以学习这个同学理解问题、解决问题的方法,从而改善自己的思维方式。学生不再是传统班级教学中单纯的旁观者,而是教学活动的参与者,每个学生都能从不同的观点与方法中得到启迪,这有利于学习的广泛迁移,使学生在学习过程中,感受到获取知识是一件快乐的事。从而有效激发学生学习的动力和兴趣,树立学生的自信心。生生互动让学生在小组成员面前设法把自己的见解通过语言和动作表达出来,达到与别人沟通的目的,消除与别人交往的惧怕心理,从而得到语言、思维以及社交意识和社交能力的加强,促进社会性的发展。生生合作学习可以分为互助预习、互助学习、互助复习。

1.互助预习

经过调查发现,95%以上的中职学生没有课前预习的学习习惯。而会计专业的特点决定了课前预习非常重要。互助预习通过同伴互助、目标互赖和奖励互赖促使组员互相帮助、互相督促,使学生克服惰性、困难,完成任务。一般来讲,互助预习的实施包括组建小组、分配预习任务、小组互助学习、预习结果及评估四个基本要素。

(1)组建小组。学期初,教师对全班学生进行分组,一组3~4人,适中的规模既可以保证学生的充分互动,又不至于给管理带来太多问题。根据性别、学业成绩、学习品质、人际交往等不同情况进行异质分组。选择责任心强、有一定组织能力的学生担任小组长。

(2)分配预习任务。预习一般是针对将要教学的内容的。教师根据相应的内容制订预习提纲,提纲中列出具体、可行的学习任务。把提纲和任务分配给每个小组,再由小组长分配给其他小组成员。

(3)小组互助预习。小组成员先根据自己的任务开展预习,再通过网络等通信工具进行监督、检查、交流和探讨。小组成员进行合作学习,共同探究,互教互学并找出教材中难以理解的问题,由小组长将问题汇总反馈给老师。学生的问题就是教师教学中要解决的重点问题,也是学生学习的重点。

(4)预习结果及评估。预习评估可以在课前或课中进行,可以口头提问,也可以书面检测。小组内每个人的学习结果是互相依赖的,以个人得分和小组得分作为测验的结果。采取随机口头提问的方式进行检测时,学生个人得分和小组得分是相同的;采取笔试的方式检测时,以个人得分为实际得分,小组得分转化为小组成员的平均分。高度的互赖性提高了学生参与合作的积极性。

2.互助学习

互助学习,主要是指课堂上在教师的指导下,学生以小组为单位进行共同合作,运用所学知识进行新的发现和创造。互助学习的要素一般有组建小组、教师讲授、互助学习、展示结果。

(1)组建小组。课前,教师根据教学目标与内容以及学生的情况进行异质分组,一般采用就近原则,每组4～6人。

(2)教师讲授。这与传统的讲授有所区别,讲授完教学内容后,教师还需要规定学生的行为活动、互助学习的任务以及评价的方法。

(3)互助学习。集体讲授结束之后,教师发给各小组学习材料,并要求通过合作学习掌握这些材料的内容。在小组学习过程中教师是一个指导者,教师应巡视四周,观察学生合作学习中的动态,对他们提出的一些问题,要学会"踢球",进行引导性的发问,尽量避免过多参与。要特别注意聆听各组的讨论,收集新的问题,收集解决问题的新方法。

(4)展示结果。结果的呈现可以根据学习内容分为三种方式。一是当堂课小组代表口头汇报。这一般针对的是比较小的问题。二是书面测验的方法。学生人手一份试卷,教师要求学生在规定时间里完成。三是书面报告形式。要用评估报告的形式呈现结果的,一般都是比较大的任务。这时教师要事先组织培训报告的撰写,并规范格式。比如,怎样开展研究,怎样应用所学知识解决新问题,得出了什么样的结论等。

3.互助复习

参照互助预习阶段的方法进行分组。按小组由"小先生"口述课堂知识点,然后小组成员提出各自不理解的地方进行集体讨论、交流,在交流中理解,放大课堂教学效果;同时,掌握程度低的同学可向"小先生"或掌握程度高的同学请教,实现小组学习合力。这一阶段的检测评估一般采用单元测试形式。

(二)师生合作学习策略

教学过程是一个师生的双边活动过程,所谓师生合作教学,就是把整个教学过程建立在师生共同活动这个基础上,把教和学的活动有机地统一起来,调动学习热情,使教学双方在和谐愉快的课堂气氛中完成共同的教学任务。

合作教学是在融洽、和谐、愉快的课堂中进行的师生之间的交往,包括学生个体与教师的交往及学生群体与教师的交往,涉及启发、讨论、交流等过程。

在合作教学中,教师是教学的主导,学生是教学的主体,两者的地位是平等的。教师要研究和发现学生自身的主体性特点,充分发挥学生的主体作用,不要限制学生,让学生的思维自由地驰骋,让学生的智慧碰撞出火花,充分激发学生的潜能。

合作中,教师要会"装傻",会"踢球"。教师"装傻"的目的是促成学生思考。学生往往一看到问题就提问,这时教师不要急于回答,而要装不懂,跟学生一块儿思考。有时发现错误,不要急着去纠正,要引导学生分析、反思,并探究正确的路径,从错误中提炼总结出正确答案,这比教师直接给出答案更有价值。

合作中,教师要给学生展示的机会。表现自己是每个学生的天性。展示的魅力在于激发学生的表现欲,捍卫学习的自主权,以获得成就感,培养自信心。在课堂上要给学生自由的思维空间和展现空间,解除对学生天性的压抑和束缚,让他们充分展示自我。学生遇到不能自行解决的问题时,教师可给予适当的点拨,但是仍要掌握点拨的度,给予学生充分的思考空间。

合作教学是师生互动的一种方式。教师与学生的互动除了知识信息方面的互动,还有情感方面的互动。这种有利于学生社会性方面的发展,能使学生的主动性、创造性更好地发挥出来。

案例在线

供应过程的核算课堂实录

教师设计并提供菜单式的教学,让学生点菜式地选择要探究的内容。

第一环节:提供菜单内容,小组选择学习内容。

A. 购买材料付现款

B. 购买材料没有付现款

C. 购买材料付现款但货没运到

D. 购买材料已入库,发票账单没到,没有付款

第二环节:各小组点单进行探究,教师巡视四周。

第一小组点"A.购买材料付现款"。

生:老师,这里购买的材料是计入原材料还是计入在途物资?

师:什么情况下计入原材料?

生:已验收入库。

师:有没有入库看什么凭证?

生:明白了,找入库单。

师:对!(竖大拇指点赞)

这个过程教师并没有直接告诉学生怎么做,而是反问,触动学生思考,点拨适度。

第二小组点了"D.购买材料已入库,发票账单没到,没有付款"。

生:账单没到,要不要记账?

师:等到月末再记。

生:月末还没到呢?

师:哎,老师咋就没想到呢? 我们一起想想月末发票账单都没到该怎么办。

生:要记,因为材料入库了,就有入库单。

师:发票账单没来,确切的金额不知道,记多少?

生:看一下订货合同。

师:这个可以。如果没有合同——

生:毛估估。

师:可以。这叫"暂估"。

……

第三环节:展示、点评。

点 A、C 的小组对内容的展示和点评都很到位,学生把我想说而没说的全说出来了。

点 B 的小组在内容展示时出了一点小问题,点评组及时作了纠正。

点评组对点 D 的小组的展示提出了问题:暂估入库"进项税额"如何确认? 这个问题把课推向高潮,这也正是本课难点。教师没有直接说进项税额是有还是没有,而是让大家看了进项税额确认的阅读材料,进一步讨论。

最后,共同得出结论:没取得专用发票不能确认;分录就是借记原材料——暂估入库材料,贷记应付账款——暂估应付款。

第四环节:归纳梳理。

五、行动导向教学策略

20 世纪 80 年代,行动导向教学成为德国职业教育的方向,其要求以学习领域为基本原则组织与职业相关的教学内容。即要求职业学校按企业生产任务的要求组织教学,以职业行为体系代替专业学科体系,注重实践性环节,确定了应用行为导向教学法的学习领域课程方案,"双元制"的教学就是以实践为主的教学。

随着社会经济的发展,自主创业、就业成为学生主动的选择,对学生职业能力、创业能力的培养显得尤为重要。行动导向教学的目标正是让学生获得职业能力,着力于对学生自主学习和动手能力的培养,加强对学生创新精神和实践能力的培养。在会计专业课程中,引进并推广行动导向教学方法有实用性和积极性意义。

行动导向教学与传统的以教师为主、学生为辅的教育方式不同,它强调以学生为中心。在教学过程中,学生是学习的主体,教师是学习的主导,教师充当组织者与协助者角色,注重对学生分析问题、解决问题能力的培养,从完成"任务"着手,通过引导学生独立或协作完成任务,实现掌握职业技能、获得专业知识的教学目标。从学生接受知识的过程来看,学生在实践中得到感性认知,经过反复实践上升到理性认识,并回到实践中去。

行动导向教学要求教师在教学中对大任务进行分解。任务的分解是教学设计的关键,如果任务分解过于简单,就没有挑战性,难以激发起学生的兴趣;反之,如果过难,会使学生畏惧,导致其失去学习的信心。因此,在设计任务时要充分考虑到学生的心理特点,任务分解要做到难度适宜,使学生"跳一跳,摘果子",力求让每个学生都能尝到成功的喜悦。

行动导向教学步骤:任务设置—下达任务—完成任务—展示学生作品。

第一步:任务设置。教师于课前进行充分准备,进行任务设置,主要包括学生分组、组员分工、任务分解、制定任务书,以及准备教学材料、设备等。

第二步:下达任务。课上教师以书面形式下发任务书,并对任务主题、时间、注意事项作口头陈述。一般情况下,拿到任务时,人的兴致会达到最高点。教师不要担心学生完成不了而对任务进行长篇分析,导致学生兴趣点下降,所以,这时老师要做的是少讲或不讲,耐心等待。

第三步:完成任务。这个阶段是行动导向教学的主体部分。学生根据教师下发的任务,以小组为单位完成任务。教师巡回观察各组,适当地为学生解决碰到的问题,适时地对学生给予鼓励,协助学生完成任务,形成作品。

第四步:展示学生作品。学生完成任务后教师要及时引导学生梳理工作思路,回顾碰到的问题和处理的方法,总结经验进行交流分享,互相评价,总结归纳,补充完善。

行动导向教学有两个方面的意义:一是寓学于乐,让学生自己动手,变抽象的知识为具体的任务,变枯燥为有趣。学生在完成任务后,内心会产生一种成就感,体验到学习的乐趣,产生一种学习的自信心,进而在快乐中获得必需的知识并构建自己的知识体系。二是因材施教,对学生进行分组,小组共同完成任务。这种方式符合学生的学习心理,对学得快的学生和学得慢的学生都有好处。学得慢的学生有人教,同样能在教师和同伴的帮助中体验完成任务的喜悦;学得快的学生在教中学,在教中悟。

案例在线

以《基础会计》中"科目汇总表的编制"为例说明行动导向教学策略的基本流程。

1.任务设置

教师确定学习目标,根据教学目标设置任务。

给学生的材料包括江滨公司根据 2016 年 7 月份的经济业务所填制的记账凭证 30 笔,空白科目表每组 3 张,按全科汇总的要求(即分 3 次进行全部科目发生额汇总:汇 1 为 1~10 号,汇 2 为 11~20 号,汇 3 为 21~30 号)编制科目汇总表。

2.下达任务

学生获取信息,按课前分好的学习小组完成任务:根据江滨公司 2016 年 7 月份的相关业务,编制科目汇总表。

要求运用相关理论知识,编制科目汇总表,并讨论分析以下问题:

①科目汇总表相当于一张什么表?

②只对什么科目进行汇总?能否反映科目的对应关系?为什么?

③使最后的借方合计等于贷方合计的理论根据是什么?

④如果试算结果相等,能否证明我们的记录一定没有错误?为什么?

3. 完成任务

学生仔细阅读引导文(有关章节内容和提出的问题),根据做出的记账凭证编制科目汇总表,以小组的方式进行学习讨论,总结理论根据及延伸知识。

教师巡视教学情况,给予学生必要的引导:观察每个小组的进程,要求每个小组选定一位代表对讨论内容进行记录。

4. 各小组派代表向全班展示本小组的学习成果。

通过对以上项目的完整实施,学生不仅学会了科目汇总表的理论知识,更重要的是学会了怎样有效地编制科目汇总表,在小组融洽的协作学习中巩固了相关知识,为以后灵活地将知识运用到企业的实践中打下了坚实的基础。

六、项目教学策略

项目教学是通过实施一个完整的项目来进行教学的活动。即在老师的指导下,将一个相对独立的项目交给学生自己处理,由学生负责信息的收集、方案的设计、项目的实施及最终评价,学生通过对项目的处理,了解并把握整个过程及每一个环节的基本要求。其目的是在课堂教学中把理论与实践教学有机地结合起来,充分发掘学生的创造潜能,提高学生解决实际问题的综合能力。

(一)项目教学的构成要素

项目教学由内容、活动、情境、结果四大要素构成。

(1)内容。项目教学是以真实的工作世界为基础挖掘课程资源的,其主要内容来自真实的工作情景中的典型的职业工作任务,而不是在学科知识的逻辑中建构课程内容。内容应该与企业实际生产过程或现实的商业活动有直接的关系,学生有独立规划工作的机会,在一定时间范围内可以自行组织、安排自己的学习行为,有利于培养学生的创造能力。

(2)活动。项目教学活动主要指学生采用一定的劳动工具和工作方法解决工作任务中的问题所采取的探究行动。在项目教学中,学生不是在教室里被动地接受教师传递的知识,而是着重于实践,在完成任务的过程中获得知识、技能和态度。活动有如下特点:一是活动具有一定的挑战性,所要完成的任务具有一定难度,要求学生运用已有知识,并在一定范围内学习新知识、新技能,解决过去从未遇到过的实际问题。通过解决问题提高自身的技术理论知识与技术实践能力。二是活动具有建构性。在项目教学中,活动给学生提供发挥自身潜力的空间,学生在经历中亲身体验知识的产生,并建构自身的知识。

(3)情境。情境是指支持学生进行探究学习的环境,这种环境可以是真实的工作环境,也可以是借助信息技术条件所形成的工作环境的再现。情境有如下特点:

一是情境能够促进学生之间的合作。在项目教学中,根据项目主题,学生从信息的收集、方案的制订、项目的完成到成果的评估,都采取小组工作方式进行学习,为了最终完成项目作品,他们相互依赖、共同合作。二是情境有利于学生掌握技术实践知识、工作过程知识。技术实践知识与工作过程知识的情景性,决定了对这类知识的掌握依赖于工作情景的再现。情境为学生职业能力的获得提供了理想的环境,并拓展了学生的能力,使他们为走向工作岗位做好准备。

(4)结果。结果是指在学习过程中或学习结束时,学生通过探究行动所学到的职业知识、职业技能和职业态度等,如技术实践知识、合作能力、创新能力等。

(二)项目教学中教师的作用

在项目教学中,教师是学习活动的引导者、管理者、帮助者。由于学生的素质和个性存在差异,项目学习活动中,在坚持以学习者为中心的同时,学生不能脱离教师的引导、帮助和管理。项目教学所要求的学生学习方式的转变、组织学习活动方式的转变、学习关系的协调等,都需要教师的管理。学生如何学、学什么,学生的知识与技能的形成、职业行为规范的形成、职业习惯的养成也需要教师的引导和帮助。在工作情境中学习,所要解决的问题是真实的,由于教学中不可预测的因素增加,教师备课不再是工整的教案书写,而应该是备任务、备学生、备过程、备问题、备学法指导、备环境的系统备课形式。可见,在项目教学中教师的作用是很关键的。

目前,中职学校教师的能力满足教学要求,成为实现项目教学的一大关键。长期的学科教学,使大部分教师缺乏实践经验,教师对技术性问题缺乏系统性的思考,难以用“工程思维”去解决问题,也缺乏在工作情境中进行有效管理的经验。另外,由于社会经济是发展变化的,企业的生产和经营是动态的,生产管理的方式、劳动组织的方式、生产经营的法规等是发展变化的,因此担负着项目课程开发工作的教师该如何适应这些变化,成为项目教学实施的难点。

实践证明,在项目教学法的具体实践中,教师的角色不再是一本百科全书或一个供学生利用的资料库,而成为一名向导和顾问。他们帮助学生在独立研究的道路上迅速前进,教会学生怎样应付大量的信息,引导学生如何在实践中发现新知识、掌握新内容。学生作为学习的主体,通过独立完成项目把理论与实践有机地结合起来,不仅提高了理论水平和实操技能,而且在教师有目的的引导下,培养了合作、解决问题等综合能力。同时,教师在观察学生、帮助学生的过程中,开阔了视野,提高了专业水平。可以说,项目教学是师生共同完成项目,共同取得进步的教学方法。

(三)项目教学中学生的地位和作用

项目教学的过程是以行动为导向,由学生自主建构知识与技能的过程,体现以学生为中心。学生有自主学习的时间和空间,需要最大限度地自主完成明确任务、获取信息、制订计划、作出决定、实施计划、检查控制、评定反馈等项目教学的步骤,在行动过程中能获得丰富的学习经验,并产生个性化的创造表现。学生不再是被动的学习者,而有机会通过自行查找资料,拓展学习内容;有机会自行设计工作方案,生产出个性产品或提供个性服务;有机会自行研究操作方法,摸索解决问题的途径。学生完成工作任务的过程是不断改正错误、改进方法的过程,也是不断学习理论、运用理论的过程。学习不再受传统教学资源的束缚,学习结果也不再以单一的成绩来表达,这从心理上激发了学生的学习兴趣,调动了学习的主动性,使"我要学"成为可能。

(四)编制项目教学学案

在编制教学学案时,应依据学习的内容、目标和学习者的情况而变化,没有千篇一律、固定不变的格式。从"教为主导,学为主体,以学为本,因学论教"的原理出发,遵循循序渐进的原则,有步骤、分层次地加深从知识、能力到理论的运用。不同层次的学生可根据不同层次的目标要求进行自主学习。教学中的学案设计一般分为以下四个部分:

一是明确教学目标,建立知识结构框架。学案中要体现明确、具体的学习目标,即知识目标、能力目标、德育目标。知识结构包括学科知识结构、单元或章节的知识结构、课时知识结构。通过知识结构分析,建立知识结构框架,让学生对将要学习的知识有一个整体的宏观认识。

二是掌握知识的重、难点,找出最佳切入点。把重点、难点问题交给学生,给学生一定的引导和思维启示,让学生自己动脑,分析解决问题,在探究中加深对知识的理解,培养学生分析问题、解决问题的能力和思维能力。

三是设计问题,培养学生运用知识的能力。设计恰当的问题是引导学生探索知识的重要手段,是学案设计的关键所在。教师要依据学习目标、学习内容、学生的情况,精心设计问题。问题的设置要以学生现有的知识水平和综合素质为根据,有一定的科学性、启发性、趣味性和实用性,还要具有一定的层次性。

四是通过练习及时自查和巩固学习效果,在学案的最后要对学生自学探索后的自查进行巩固。学生层次不同,理解问题和解决问题的能力有较大差异,自学过程中可能会出现各个层面的新问题,帮助学生从练习中发现这些问题并进行及时、正确的引导,对培养学生的主体意识和思维能力是至关重要的。

(五)强化项目教学的实践教学

项目的实施是以学生为中心的,因此一定要调动学生参与项目教学的积极性。如果学生的积极性调动不起来,项目教学就没有办法进行下去,教学效果可能还不如传统的教学方法。其实要调动学生参与项目的积极性,方法有很多。比如:利用校内外各种媒体进行宣传;采用赏识教育法,展示项目成果,并将成果作为回报奖励给学生,使其有一种成就感等。学生的积极性调动起来了,项目教学才能有创新、有发展。

项目教学的实施,不可能靠老师或个别的学生。但如果全班学生一起完成一个容量不大的项目,往往也会失去其本身的意义。分组教学是项目教学常用的模式。分组前老师必须熟悉全班学生的基本情况(实际上就是教学对象分析),分组时让学生自由组合,然后教师再进行调整。一般每组3~5人,最好不要超过8人。必须使每组搭配合理,培养学生的协作意识和团队精神,然后给每个组分配任务,教师应将事先准备好的书面工作计划发给每个小组检查核对,以便更好地开展工作。

(六)项目教学中学生的能力培养

项目教学的实施是在教学活动中,教师将需要解决的问题或需要完成的任务以项目的形式交给学生,在教师的指导下,以小组工作方式,由学生自己按照实际工作的完整程序,共同制订计划、共同或分工完成整个项目。它是一种以学生的自主性、探索性学习为基础,采用类似于科学研究及实践的方法,促进学生主动积极发展的一种新型的教学方法。学生在项目实践过程中,理解和把握课程所要求的知识,体验创新的艰辛与乐趣,培养分析问题和解决问题的能力及团队精神和合作能力等。

在现代社会,先进的生产方式要求企业拥有全面发展、灵活而富有创造力的高素质员工。而项目教学法对学生能力的培养是全面的,是与现代企业对员工的要求相匹配的。它所注重的正是我们最应该教给学生的关键能力。

(七)项目教学的课堂小结及反馈

学生完成一个项目后,一定要及时进行交流、展示和讨论,对学生的学习情况作出反馈和评价。这是学生对知识掌握和能力提高的重要阶段,同时也能极大地培养学生的成就感。展示评价包括:

(1)自评、互评:教师给学生一定的时间,让学生互相交流学习,取长补短,并推荐优秀作品。

(2)作品展示:由学生推荐,教师结合实际情况选出三四个具有代表性的作品,应从模仿、改造、创新三类中进行选取。

(3)教师总结:指出作品中值得大家学习和借鉴的地方,同时指出学生在创作过程中出现的问题,总结成功的经验和失败的原因。鼓励学生采用多种方法完成项目,让没完成或完成得不理想的学生下课之后继续完成作品。

教学评价也就是检查项目成果,进行成绩评定。如果只检查结果的话,小组内每个学生的成绩都相同,这显然是不公平的。因此应对项目的全过程进行评价,比如:观察小组工作中哪些学生是主角,做的工作多而且重要,哪些学生处于次要地位,是在别人的指导下工作的;和不同的学生谈话并提出一些问题等。另外,常常有一些学生的结果和老师的不同,但是只要学生说明原因,教师就应该给予肯定,并予以引导、表扬和鼓励。

教师的点评总结是项目教学法的重要环节。学生的设计会存在各种各样的问题,教师在点评中要指出问题的所在及解决的方法,要总结比较各组的特点,引导他们通过学习别人的长处来改进和提高自己的设计,使学生的各种能力在点评中得到提高。点评的过程既是总结以前学过的知识,提出和学习新知识的过程,也是学生学习、提高的过程。

案例在线

(1)项目:分岗位会计核算。

(2)岗位设置:出纳、往来结算岗位会计、存货岗位核算会计、成本会计、财务成果岗位核算会计、总账会计、会计主管和财务经理。

（3）各岗位的任务说明：出纳负责办理现金收付和银行结算业务，保管库存现金和有价证券，保管空白支票等票据；登记库存现金日记账、银行存款日记账并结出余额。往来结算岗位会计负责办理往来款项的结算和明细核算，并经常核对余额。存货岗位核算会计负责材料物资和固定资产等的核算。成本会计负责产品成本核算，登记"生产成本""制造费用"明细账，编制成本报表等。财务成果岗位核算会计负责收入、费用和利润的核算。总账会计负责除以上业务之外的其他业务包括各种税费的核算工作，负责编制科目汇总表，登记总分类账等。会计主管组织公司的会计核算工作，负责审核会计凭证、对账和编制财务报表，并负责编制纳税申报表。财务经理负责会计部门的全面管理工作，负责会计档案的整理和保管，组织编制财务预算、决算，组织财产清查，进行财务分析，保管财务专用印章等。

（4）模拟实训操作的附加要求：①完成要求的原始凭证填制，例如出纳岗位完成支票填写等；②判断全部的原始单据去向，传递单据。

（5）具体业务内容：①提取现金，开具支票；②购买材料；③报销差旅费；④购买办公用品；⑤缴纳水电费；⑥收取货款；⑦发放工资，分配职工薪酬和福利费；⑧缴纳增值税和地方税；⑨上缴社会保险费、住房公积金和工会经费；⑩原材料入库，填写材料采购成本计算单；⑪支付借款利息；⑫销售商品、收回货款；⑬支付下年度报刊费用；⑭支付汽车油费、桥路费和修理费；⑮支付员工培训费、业务招待费；⑯支付广告费；⑰收取罚款；⑱支付到期银行承兑汇票；⑲申请办理银行汇票；⑳计提固定资产折旧费；㉑购进固定资产；㉒无形资产研发；㉓编制收料凭证汇总表并制单，编制发出材料汇总表并制单；㉔分配制造费用，计算结转完工产品成本；㉕结转销售成本；㉖现金盘点；㉗计提坏账准备；㉘固定资产报废；㉙转出未交增值税，计提城市维护建设税、教育费附加、地方教育附加、房产税等；㉚结转损益类账户；㉛预缴所得税；㉜计提所得税费用，结转所得税费用；㉝结转本年利润，计提盈余公积；㉞结转利润分配明细账户余额；㉟编制科目汇总表；㊱根据背景资料编制资产负债表和利润表。在财务会计项目教学中可以采用单人批次训练和多人批次训练的方式。单人批次训练实行一人全岗操作，多人批次训练实行多人组合分岗训练，通过训练，提高学生的实操能力，为学生从事会计工作打下扎实的基础。

从项目教学的实践与研究中我们发现，项目教学方法在下列几个方面具有明显的优势：

(1)提高学生分析问题、解决问题的能力。以项目任务为中心组织教学内容时,学生就会意识到,这些内容是与项目任务紧密相关的,只掌握理论知识是不够的。通过解决身边的一些实际问题来实现对知识的掌握,大大提高了学生学习的积极性和主动性。通过项目教学法学习的学生,他们的动手能力、解决实际问题的实践能力有很大的提高。

(2)提高课堂教学质量和效益。采用项目教学法,学生可以感知明确的学习目标,在操作完成项目任务的过程中,学生能够不断地获得成就感,增强自信,激发求知欲望,调动学习积极性。同时,在整个教学过程中既发挥了教师的主导作用,又体现了学生的主体作用,充分地展示了现代职业教育"以能力为本"的价值取向,使课堂教学的质量和效益得到了大幅度的提高。

(3)强调过程的评价与反馈。在项目教学中,评价是过程评价和结果评价的结合。它不但包括评价学生的技术能力、创新能力,而且包括评价学生的团队协作能力等,因此可以更好地为学生提出项目改进意见和为学生的发展指明方向。

七、交互激活策略

(一)积极参与策略

交互必须参与,只有参与才能交互。参与是实现学生主体性的交互式教学操作的落脚点。

全员参与一般从两个方面着手:一是抓课堂教学中学生的个体学习,让每个学生有充分的时间和空间独立学习,使个体学习成为全员参与学习。二是抓师生之间、生生之间的多向交流。教师以集体中一员的身份与学生广泛接触,并强化学生小组内的相互交流,从而形成师生之间、生生之间、个体与群体之间的人人参与、互动的生动局面。

创设吸引学生参与的课堂情景,使学生没有思想负担,有话敢说、有问敢提、有疑敢质。

没有差异参与,就没有全员参与。设置的学习小组应由异质的学生组成,组内学生互相帮助,为学习困难的学生提高成绩创设条件。

没有竞争,就没有发展。教师将全班分成若干个组内异质、组间同质的小组,促进小组间的平等竞争,为竞争参与创设条件。这样,竞争参与又增添了课堂活力,有助于激发学生的创新意识。

(二)情感交融策略

师生间的情感交融,是发挥学生主体性和培养学生创新能力的动力源之一。促进师生的情感交融,教师主要应采用如下策略:

(1)师生互爱。这是师生关系的核心,是培养学生创新能力的催化剂。

(2)人格平等。主要应做到"三尊重":尊重学生在教学中的主体地位、尊重学生的自尊心、尊重学生的个性。

(3)民主教学。没有教师教学的民主,就没有学生的创新。从心理环境讲,学生的学习探索需有宽松的环境,不应有太多的限制和束缚,使学生能自由自在地学习探索。教师的民主作风可以创设一种宽松的学习环境,教师不搞"一言堂"和"家长制",容许学生持有异议,展示其个性,形成尊重学生的独创见解和创新性言行的课堂学习环境。

(三)人际合作策略

合作的人际交往关系,是交互的关键条件。课堂教学环境,主要是人际交往的环境。师生合作、生生合作、个体与群体的合作,是教学环境交互决定的重要变量。没有人际合作,就无法实现交互教学。

以每组4～6名成员的规模将学生编排为若干个小组,以圆桌会议形式形成小组成员间面对面的讨论方式,缩小学生之间的空间距离,增进学生之间的交流合作。

个体与群体之间的合作通过设置"组内异质、组间同质"的学习小组,既有助于创造性地完成学习任务,也有利于培养学生的合作精神。

(四)教学相辅策略

只有教法与学法取得一致,"教是为了学"这一目标才能真正实现。教学相辅的方法包括教法和学法,可分三种:

(1)以教师活动为主的教学方法。教师首先依据教材的重点、难点、疑点,提出富有启发性的问题,引起学生积极思考,同时向学生介绍大量材料、提供重点信息,并引导学生主动地去探索结论,而不是简单地把结论告诉学生。教师采取随机抽样的检查评价方式,并以学生小组的整体效绩为评价依据。

(2)以师生共同活动为主的教学方法。教师以小组一员的身份参与学生小组讨论,点评学生的回答,接受学生的提问。

（3）以学生活动为主的教学方法。学习形式主要包括学生个体独立学习和小组讨论合作学习。

八、自主质疑策略

在多年的教学中，发现中职学生普遍没有"问题"，更确切地说是不会提问题，也提不出有价值的问题。学生很少有提问题的欲望。他们习惯于跨越过程，直奔结果，只要答案，不问为什么。中职会计教学的目的，不只在于教给学生具体的理论知识和操作技能，同时还要激发学生的潜能，提高他们处理复杂资讯的能力和勇气。

"学起于思，思源于疑。"创造性活动往往都是从发现问题开始的。问题是学生认识活动的启动器和运动源，是学生主动学习的起点和思维的开始，也是学生进行自主学习，特别是发现学习、探究学习的重要因素。现代心理学研究指出，学生的学习过程既是一个接受知识的过程，也是一个发现问题、分析问题和解决问题的过程，学会提出问题有利于学习能力的发展和个性的养成。培养学生的质疑意识、质疑精神、质疑能力，是全面落实职业教育、培养创新型人才的关键。会计教学中的质疑教学是以现行教材为基本探究内容，在教师的启发诱导下，以学生独立自主学习和讨论为前提，以学生周围世界和生活实际为参照对象，为学生提供充分自由表达、质疑、探究、讨论问题的机会，让学生通过生疑、释疑，将自己所学知识创造性地应用于解决实际问题的一种教学形式。整个过程由学生的好奇心和求知欲为学习的动力，教师摆脱了以往说教式的教学方式，成了学生的导师和同事。

质疑的核心是产生疑问，提出问题。爱因斯坦说过："提出一个问题往往比解决一个问题更重要。"教师在指导学生的过程中要注重释疑，更要注重让学生生疑。没有积极的思维活动，就不可能产生疑问，又怎能进一步促进思维活动的开展呢？

产生疑问是一个复杂的心理活动过程。这个心理过程是由两个心智操作系统共同协作完成的：一个是认知过程，也就是学生对会计信息的加工过程；另一个是自我监控的过程，也就是学生的自我意识对会计认知过程实施监控。

（一）敢疑

怎样才能引导学生敢疑呢？

（1）创设和谐氛围。现代心理学认为，学生在轻松愉快、和谐宽松的环境中，思维活跃，想象力丰富；反之则思路阻塞，反应迟钝，毫无创造可言。因此，在课堂教学中，教师应创设民主、和谐、宽松的学习氛围，做学生的好朋友；要尊重每一个学生，并和学生平等对话；要把课堂变成师生交往、互动对话、共同发展的学习乐园。学生在这样的学习环境中思维就会活跃，就会消除心理恐惧。

（2）搭建质疑平台。德国教育家第斯多惠说过："教学艺术的本质不在于传授本领，而在于唤醒、激励和鼓舞。"教师要提供质疑机会，引导学生提问。

课前，教师可以在预习单上专门为学生设立质疑板块，让学生在预习时发现并大胆提出问题，然后教师给予及时批阅反馈。

讲新课前，留出几分钟的时间专门让学生在自主阅读材料的基础上质疑，给学生提供质疑的时间和展示的机会。

在师生对话的课堂上，在师生的积极互动过程中，教师要想方设法投石激浪，引起学生的质疑，为学生创造提问的机会，使学生在课堂上能产生一些新问题，并提出来，这有利于发展学生的思维。

（3）鼓励学生大胆质疑。当学生提出问题时，教师要及时给予鼓励。一开始，学生可能提不出有价值的问题，但不管学生提的问题多么简单、多么幼稚可笑，教师都不能因此打击其积极性，而要给予鼓励，可从质疑的积极态度等方面给予肯定和鼓励，如"你敢于大胆提出问题，这种大胆质疑的态度非常好，值得同学们学习"等从非智力因素进行鼓励，或者把"球"踢给其他同学，比如"这个问题有意思，老师没有注意到，哪位同学来说一说？"如果学生提出的问题有价值，即可评价"你提的问题涉及这一模块的重点内容，相当有价值"等。教师通过鼓励让学生认识到质疑的重要性和必要性，从而激发学生质疑的兴趣。

教师还可以记录提出问题的学生的名字和所提出的问题，一段时间内表彰一次。比如，会132班于易达同学在质疑教学方式下变得很热爱提问题，晚自修的时候，经常拿着笔记本提出一连串的问题。我们讨论完问题之后他会一一整理到笔记本中。作为老师的我也会一一把问题记录下来并在课堂上表扬他的钻研精神和学习成果。

这样，学生就会经历一个从不敢质疑到大胆质疑，从没有问题到不断提出问题的过程，为真正会疑打下基础。

（二）会疑

学生仅仅敢于提出问题是不够的，单纯为质疑而质疑，提不出有价值的问题,同样收不到理想的效果,所以必须在敢疑的基础上,引导学生掌握质疑的方法,学会质疑。要引导学生把问题与教材、教学目标、教学内容等相联系,从这个更大的系统中更全面、深刻地看到问题的本质特征,从而提出有价值的问题,这是质疑的关键一步。

问题有多种类型:知识性问题、理解性问题、应用性问题、分析性问题、综合性问题。前两类可概括为浅层次问题,后三类可概括为深层次问题。

让学生明确哪些是浅层次问题,哪些是深层次问题,能为学生今后提出深层次问题、进行深度学习打下基础。学生一开始可能只能提出一些浅层次问题,如"这个怎么做"。如果学生掌握了问题类型,教师就可以引导学生从提出浅层次问题提升到提出深层次问题,由提不出有价值的问题转变到提出有价值的问题,实现由不会问到会问的转变。

(1)在课题处质疑。引导学生从课题处提出有价值的问题,有利于引发学生的学习期待,达到以疑促学的目的。如看到《记账凭证的填制与审核》的"视同销售"这个课题,学生脑海中可能马上产生下列疑问:视同销售是什么? 与一般销售有什么不同? 会产生收入吗? 怎样核算? ……要让学生将自己的疑问提出来,共享问题,使学生产生学习期待,老师可以用一句话引发:"同学们,看到课题你会想问老师什么问题呢?"

(2)在业务故事中质疑。2016年11月3日,浙江江滨鞋业有限公司工会组织员工开展十公里毅行活动,凡是参加的员工每人发一双自己公司生产的运动鞋,对于员工而言是白穿一双鞋,对于公司来说是视同销售。这时同学会产生下列疑问:这运动鞋值多少? 发给职工要不要开发票? 怎么记账? 视同销售是什么意思? ……教师把学生提出的有意义的问题一个个写到黑板上,然后进行探究分析。

比如排序后的问题是:

①这鞋发给职工要不要开销售发票?

②如果要开发票,按成本开还是按售价开?

③视同销售是什么意思?

带着问题进入自主阅读。阅读材料:《企业会计准则第14号——收入》(第二条)、《企业会计准则第7号——非货币性资产交换》、《小企业会计准则》(第一章第三条)。

教师一点点引发学生提出教学设计中的核心问题——"视同销售",它既是教学的出发点,又是终结点,还是深层次课堂活动的引爆点。如果能引导学生在此处提出问题,就能使学生更准确地理解教材内容。

(3)抓住关键点质疑,以点突破,以点带面,点面结合,由表及里,由浅入深,突破整堂课教学基本内容。如:视同销售,根据公允的市场销售价格,按税法规定计算销项税额,开具增值税专用发票。虽然没钱进账,但是商品要出库,要填写出库单。开具增值税专用发票和填制出库单这两点与销售是一样的,所以称之为视同销售。

(4)在重点处质疑。让学生看几组材料:材料一,自产产品作为对外投资;材料二,自产产品作为发放的非货币福利;材料三,自产产品作为分配给投资者的物资;材料四,自产产品作为对外捐赠。

引导学生在重点处提问,可以帮助学生抓住重点、突破重点,理解本课教学内容,学生由此可收到事半功倍的效果。如"视同销售"一课中,教师引导学生提出了这样的问题:这四组材料有什么共同点和区别呢?在四种视同销售情况下,财务人员拿到增值税专用发票记账联时该如何记账呢?这一来自重点处的问题会引起全班学生的兴趣。教师根据学生的问题带领学生一起讨论学习。

(5)在难点处质疑。教学难点一般是指教师较难讲清楚、学生较难理解或容易理解错误的内容。如果处理不当,教学难点往往会成为教学活动的障碍。教学难点有时是教学的重点,有时并不是重点。如果不是重点,可放手让学生查阅资料,引导学生针对难点提出问题,然后针对问题展开交流、讨论,进而使问题迎刃而解,突破教学难点。

(三)乐疑

引导学生在会疑的基础上养成乐于质疑的习惯,即乐疑,这是培养学生质疑能力的重要一环。

会疑并不是最终目的,关键是能经常质疑,不仅能在课堂上质疑,还能由课内延伸到课外,在生活中质疑,逐渐养成在学习和生活中质疑的习惯。这样学生在日常生活中或学习新知识时,就能不断地提出有价值的问题,从而主动探究问题、解决问题、学习新知,促进创新意识和创新思维能力的提高,有效促进质疑解疑能力和自主学习能力的形成。

下面以《记账凭证的填制与审核》中的"贴现凭证(收账通知)"一课为例,阐述如何培养学生的质疑能力。

第一步:原始凭证"三问",以疑促学。

看到新的问题,教师首先要引领学生观察标题,在心中提出"三问"。带着问题进入学习,才能进入最佳的学习状态。当学生看到"贴现凭证(收账通知)"这个原始凭证的名称时,如果能先在心中提出"三问"贴现是什么意思? 贴现利息怎么计算? 为什么汇票金额与实付贴现金额不一致? 就会积极主动地听课与思考。

因此,引导学生在听课之前提出"三问",能激发学生的学习兴趣,培养学生的学习能力,使学生形成质疑意识。

第二步:探究学习,学思结合。

探究式教学主要是让学生主动地探究所提出的问题,从而获得知识。而不是简单地让学生理解记忆现成的结论。这正是利用了学生好奇心强、喜欢刨根问底的心理特点,让学生通过动手、动脑、动口,主动探究,自行获得答案,教师是一个启发者、指导者。让学生由被动学习变为主动探究,由"学会"变为"会学"。

案例在线

对于前面针对"贴现凭证(收账通知)"提出的问题,引导学生阅读材料,进一步鼓励学生提出问题。

1. 贴现是什么意思?

阅读材料:

贴现,简单来说就是将未到期的商业汇票交给银行,以获取资金的行为。

例如,你销售一批商品,购货方开给你一张 6 个月承兑的商业汇款。3 个月以后,你急需一笔资金,就可以将这张商业汇票交给银行,银行扣取贴现利息后,你就可以得到这笔资金。为了取得这笔资金,要贴付一定利息。

2. 贴现利息怎么计算?

贴现利息=票据到期值×贴现利率×贴现时间

3. 为什么汇票金额与实付贴现金额不一致?

实付贴现金额=汇票金额一贴现利息

学生会提出新的问题:票据到期值、票面面值、汇票金额是不是一个意思? 会计分录怎么做?

九、信息技术运用策略

在当前大力推进教育教学信息化的大背景下,结合浙江省中职会计专业新一轮课程改革,恰当运用信息技术手段,营建多平台互通、多资源共享的信息化环境,能有效提高教学效率。

随着我国"互联网＋教育"发展理念的持续发酵,我国各行业都面临着信息化发展带来的深刻变革,新的经济业态、新的发展模式不断涌现。紧跟经济社会发展步伐,利用"互联网＋教育"理念和信息化技术,不断深化教育模式创新是中等职业教育提高专业人才供给质量和能力的内在要求。当前会计技能与信息技术的融合已越来越密切,运用信息化技术全面推进中职会计专业创新发展已是大势所趋。

《国家中长期教育改革和发展规划纲要(2010－2020 年)》提出要加快教育信息基础设施建设和优质教育资源的开发与应用。要加强网络教学资源库建设,开发网络学习课程,建立虚拟实验室和开放灵活的教育资源公共服务平台,促进优质教育资源普及共享,鼓励学生利用信息手段主动学习、自主学习。

2015 年 12 月修正的《中华人民共和国教育法》第六十六条规定:"国家推进教育信息化,加快教育信息基础设施建设,利用信息技术促进优质教育资源普及共享,提高教育教学水平和教育管理水平。"

2016 年,教育部发布了《教育信息化"十三五"规划》,明确提出加快推动信息技术与教育教学融合创新发展,大力推进"三通两平台"(宽带网络校校通,优质资源班班通,网络学习空间人人通,教育资源公共服务平台,教育管理公共服务平台)的建设与应用。

在国家层面的大力推动下,教育教学的信息化已经是大势所趋。微课、慕课、网络课程、虚拟仿真实训软件、数字化资源库、推屏器、电子白板、交互式电子黑板等一系列新的教学媒体和设备正快速走进学校课堂。运用信息技术策略就是让信息技术走进课堂,加快全民信息技术的普及和应用,实现信息技术与课程的深度融合。

动态变化的事物容易引起学生的注意。信息技术能够把文字、图片、图像、动画、视频和声音等多种信息有机地融合在一起,形成多种视觉元素,所展现的内容更充实、直观、生动、形象,具有吸引力,能有效地提高学生的注意力,激活学生的思维,引发学生的学习兴趣。信息技术不仅可以应用于课堂上,还可以广泛地用于课前和课后。

在课前,把要讲的内容利用信息技术制作成微课,在课前预习时呈现给学生,学生可以根据自己的实际情况自主观看,有利于学生进行个性化的课前预习。在课后,延伸和拓展学习内容。

总而言之,利用现代信息技术可以拓展和延伸理论学习、实践学习的空间和时间,充分调动学生课前、课中、课后学习的参与程度,强化对他们视觉、听觉的冲击,通过在看中学、在做中学、在悟中学等多维度的学习,可以有效地放大专业学习效果。具体来说,通过打造"三通两平台",推进理实虚一体信息化教学。

(一)组建学生微信交流平台,形成合作学习氛围

根据学生平时的学习状况将学生分成若干学习团队并组建微信群。每个群由 4 个学生组成,以小组为单元开展课外网上学习交流活动,解决因居住较分散而课外难以交流的问题。每个小组设一个组长,负责微信群的组建和协调;设一个记录员,负责记录学习过程并如实反馈给老师。老师随时跟踪各组交流学习的情况。为了形成合作学习的气氛,每个团队都要给微信群取一个诸如"奋进""阳光"等积极向上的名字,以凝聚学习共识;设立学分奖励措施,对交流活跃的团队给予学分奖励,并按一定比例记入平时成绩。

(二)打造手机学习平台,改进课外学习措施

实践证明,问题导向的教学是有效的教学。它要求教师在课堂教学前知道学生的问题所在。为此,在课前教师需要提供相应的学习资源,让学生先自学和初步检测,从而发现学生的问题,提高课堂教学的针对性。但是传统的课前预习,师生交流受到时空的限制,效果十分有限。而构建移动学习平台,如利用微课、QQ、微信等平台远程交流互动,打破了时空限制,做到问题聚集。

(1)微课平台,教师可将课堂教学中的重点、难点、疑点内容制作成几分钟的微课视频(可以有学生参与制作),并将微课视频及辅助材料发到学生群,让学生预习第二天上课或实训的重点内容和难点知识。

(2)开发会计网络游戏趣味作业。如"会计科目冲关""单据名称猜猜猜",根据屏幕图片,结合所学知识填写会计科目或原始凭证的名称。

(3)教师把精心筛选的互联网中的真账实操视频提供给学生,让学生在线观看,让学生在反复的观摩中充分了解会计技能。通过微课视频、会计游戏、在线观摩等学生喜欢的方式让学生预习、复习、巩固知识,可使效益更高,教师也可从反馈数据中直观、准确地把握学生课前课后学习的问题,为课堂教学设计提供充实的依据。

(三)采用虚实结合的互动平台,提高课堂教学效率

利用现代化的设备、软件、信息技术创设信息化教学环境,通过演示、投屏与实际操作相结合的教学方法提高教学效率。现场投屏具有操作演示过程更加清晰、直观和第一时间进行学习反馈等优势,对学生感官产生多路刺激,消除了枯燥感,增加了师生互动面,增加了信息量,从而取得多重的教学效果。

(1)在看中学。技能的学习最早来自模仿,即从别人的经验中学习。如在课堂教学中,利用信息技术将教师在讲台上的操作进行多向同投,让各个位置的学生都可以通过大屏幕清楚地看到老师的演示,打破传统教学中的"前排效应",为学生创设平等的学习条件。

(2)在做中学。在实际操作过程中必然会暴露一些问题,或者会产生一些错误,而产生错误的地方就是学习的重点。现场拍摄问题,并通过推屏器将问题推到大屏幕,供学生学习。教师适时给予指导,加深学生对重、难点的理解。

(3)在悟中学。技能教学的目标,除了会做之外,还要学会反思、比较、创造,实现从感性到理性的升华。理实虚一体化的课堂教学流程大致可以概括为:在线学习—提出问题—教师指导—实际操作—发现问题—推屏交流—纠正操作—解决问题—归纳总结。

(四)搭建虚实融合的实训平台,增强岗位实训效果

相较于其他专业岗位,企业对会计岗位的风险控制更为严格,学生到企业中很难得到顶岗实习的机会,校内的综合实训教学又难以走完整个会计流程,因此学生的实践操作能力较差,导致中职会计毕业生从事本专业工作的少之又少。因此,要搭建企业虚拟经营仿真实训平台,这个平台不仅要包括企业账务处理等内部运作的内容,还要包括与税务、工商、银行等有关的外部运作的内容,使企业虚拟经营有血有肉,从而让师生对企业经营的全部面貌有清楚的认识。一是从真实商业社会的角度出发搭建一个仿真经济环境,包括企业的外围经济环境、基本概况、生产经营的主要范围。二是构建虚实融合的实训场景,以现代制造业为主体,开展制造企业的部门与岗位设置、供应、生产、销售等全业务流程的模拟活动。三是在模拟经营过程中,学生可以了解到企业的运作规律,熟悉企业生产经营的流程、不同岗位的工作内容,体验会计工作。四是学生根据模拟经济业务进行真实的做账操作。

利用这样虚实融合的实训平台,对学生进行上岗前的岗位模拟实训教学,有利于对学生专业技能和综合能力的培养,增强岗位实训效果。

(五)建设立体学习平台,促进优质资源共享

重视信息技术的开发和利用在市场经济条件下显得特别重要,全国各地各个层面、各个学校都把信息化建设作为重点项目。要采取有效措施完善机制,处理好信息化教学资源的开发与管理、使用、共享之间的关系,节约开发成本,最优化使用教学资源。一是加强校内数字化资源库的建设,将专业组教师开发的微课、慕课、电子教案、电子作业等上传到平台,实现专业内部资源共享。二是丰富学校网站教学资源。现在各个职校都建有学校网站,但大部分内容和功能比较单一,数字化的教学资源十分有限,网络教学平台作用没有得到有效发挥。因此,要加强对学校网站教学资源的建设,尤其是教学检测功能平台的建设。三是将省基地学校网站、省网络课程平台等与学校网站进行联通,将教学软件的教师端口与学生端口连接到网站上,提高开展信息化教学的便利性和教学的实效性。四是加强全国层面上的网络平台建设,由职成教部门组织力量,吸收整合各地的说课视频、优秀教案、优秀技能等,建立职成教大数据库,促进全国范围的职教教学资源共享。

"互联网+教育"推动了会计教学模式的创新发展,让现代信息技术全面融入教学,实现了教学资源、教学空间、教学内容、教学方式的"四大拓展",推动了优质资源的应用与共享,降低了教学成本,提高了教学成效。

📖 案例在线

"销售退回与折让的账务处理"教学设计

【授课班级】 会 151 班

【教学课题】 企业财务会计——销售退回与折让的账务处理

【授课教师】 严水荷

【设计指导思想】

坚持"以学生为主体,以教师为主导"的教学思想,"以解决问题、完成任务为主的多维互动式"的教学理念,运用信息技术、教学平台,通过"做中学"理实虚一体化教学,让学生在自我探索、小组互动和教师点拨中建构知识,达到探究性学习的最大成效。

在整个教学过程中,始终鼓励学生敢于发现问题,敢于质疑,采取探究、讨论、实践、展示、点评、检测等手段,发挥学生个体学习的主动性,培养学生的创新性思维,使学生学会思考、学会学习、学会合作。

【设计创新】

基于移动互联网技术,利用多元互动平台,实现教师 PC 电脑端与学生智能平板端的数据交互,打造信息化环境下的智慧课堂。实现课前、课中、课后实时检测与反馈,提高信息的时效性。

1.课前预习。教师发送导学资料包,学生可通过平板端即时接收老师发送的备课内容——经典实例、重点难点、PPT 等资源、微课视频,充分预习,完成课前学习任务。老师根据学情调整课程内容和进度,引导学生自主学习,实现翻转课堂式教学。

2.课堂互动。教师根据课堂上学生的学习情况发布任务,小组完成任务将结果上传到互动平台。师生从学生屏幕上可以同时读到四个小组的信息,与教师屏幕呈现的任务进行对照分析,也可以切换到每个小组进行单组点评,及时发现和解决问题,有效监控教学过程,真正完成从"以教师教为主体"到"以学生学为主体"的课堂转变。

3.随堂随练。通过大数据的自动阅卷处理,实现练、测、评的规范化与自动化,大数据智能分析技术实时生成成绩报表,可查看错题分析以及成长记录,客观掌握差异化学情,对易错题进行重点讲解,有效巩固难懂的知识点,实现分层教学。

【教材分析与处理】

本教学内容是高等教育出版社的中等职业教育国家规划教材《企业财务会计》的第九章第一节中的"销售折扣、折让与销售退回"这部分内容[对应高等教育出版社的浙江省中等职业教育会计专业课改新教材《记账凭证填制与审核》(第 1 版)模块十中的"任务 10.2 折让退回"]。教材在内容安排上把销售折让放在销售退回的前面,而学生如果知道销售退回是销售的相反过程,则更容易理解退回是做销售的反分录。因此本课在教学设计上先让学生学习销售退回,再让学生通过对比分析折让与退回经济业务上的异同,进而确认有关分录。

改变传统的以知识传授为主线的逻辑框架,而以工作任务、职业能力为基点,将知识与技能融于项目任务完成的工作过程之中,涉及的经济业务全部用真实的原始凭证来呈现,没有文字提示,学生根据原始凭证分析经济业务并填制记账凭证,将理论与实践操作有机融合。

【学情分析】

1.知识技能:高二会计学生,有了一年多的专业学习积累,学习了销售经济业务的账务处理,有了初步的认识,但还不能够熟练地通过识别增值税专用发票、增值税红字专用发票、进账单、支票存根联、出库单、入库单来判断经济业务,并填制记账凭证。

2.学习能力:缺乏实际工作经验,想象和理解销售折让以及销售退回业务的实际操作流程,没有较清晰的认识,但对直观的事物感知较强。

3.学习态度:学生思维活跃,表现欲强,对于团队参与性和实践性课程有相当大的兴趣。

【教学目标】

1.认知目标:能识别销售退回、销售折让业务中的原始凭证。

2.技能目标:会根据销售退回、销售折让业务中的原始凭证正确、规范地填制记账凭证。

3.情感目标:通过职业场景设置和有意引导,在教学活动中逐渐培养学生一丝不苟、严谨务实的财务职业道德素养,增强岗位责任感,培养学生的职业意识。让学生合作完成任务,体会发现的乐趣,体验探究学习的过程,感受成功的喜悦,进而激发学生学习会计的兴趣。

【教学重点】

掌握销售退回和销售折让的业务情景;准确判断各种情景中的原始凭证;正确编制销售退回与销售折让的冲销收入的记账凭证。

【教学难点】

销售退回与销售折让的账务处理的异同。

【教学方法】

情景教学法、任务驱动教学法、小组讨论法。

【教具准备】

触控一体机、投影仪、四个手机、一台平板电脑。

【资料准备】

PPT、微课视频、记账凭证。

【教学课时】

1课时。

【课前任务】

课前完成教师发布的预习任务并提交预习检测。

【教学过程】

教学过程		教师活动	学生活动	设计理念
第一环节：导入新课（4分钟）		(1)利用多元互动平台对学生的课前预习及课前检测进行分析。 (2)确立教学重点、难点。 (3)通过呈现工作场景带领学生进入学习情境。	(1)在教师分析的基础上，明确学习任务。 (2)通过观看工作场景视频，进入学习情境，体验学习角色。	(1)通过课前预习及检测分析，发现学生普遍存在的问题，从学生的问题出发导入课堂教学。 (2)使学生感受工作场景，进入学习情境。
第二环节：探究新知（8分钟）	增值税专用发票	(1)通过多媒体呈现增值税专用发票。 (2)引导学生根据原始凭证分析经济业务，复习与本课相关的知识。	观察增值税专用发票，并根据已有的知识经验对经济业务作出正确判断。	分析销售未收款的经济业务，为销售退回时款项的结算业务做铺垫。
	红字增值税专用发票	(1)通过多媒体呈现经济业务（10月14日红字专用发票），导出新的问题。 (2)教师讲授，引导学生理解红字增值税专用发票的含义。	通过观察、交流、互动，初步建构对红字增值税专用发票的认识，并理解其反映的经济业务。	借助多媒体手段，直观呈现经济业务，便于学生理解、接受销售退回是销售（收入增加、销项税额增加）的相反业务。

续表

教学过程		教师活动	学生活动	设计理念
第二环节：探究新知（8分钟）	销售退回：销货款未收	(1)通过多媒体呈现业务一（销售退回，未退款），组织学生进一步深入分析红字增值税专用发票，并确认会计分录。 (2)通过多媒体呈现同一经济业务在会计实践中的处理方法，引导学生认识会计实践操作：将销项税额写到贷方，用红字记在贷方。	(1)通过集体交流互动，从会计要素的增减变动中分析冲销收入和冲销成本分录的应借应贷科目和金额。 (2)通过观察企业会计填制的记账凭证，掌握填制冲销收入记账凭证的实务技能。	通过分析同一业务理实处理的差异，从红字发票引起收入减少、销项税额减少的经济业务，迁移到冲收入、冲成本的账务处理，实现学生知识的自主建构、技能的拓展。
第三环节：任务实施（15分钟）	销售退回：销货款已收	(1)通过多元互动平台发布工作任务。 (2)组织学生小组讨论两个经济业务所反映的内容。 业务二：销售退回时退款。 业务三：销售退回时未退款(销货款已收)。 (3)组织学生完成记账凭证的填制并上传任务。 (4)组织小组互评，教师补充。	(1)在多元互动平台上接收教师下发的工作任务。 (2)小组讨论，完成任务。 (3)分小组将记账凭证上传到多元互动平台。 (4)小组互评。	教师通过组织学生互动交流，指导学生实践操作，落实课堂重点。 (1)在以工作任务为导向的理实一体化教学中，探究销售退回的各种情况的账务处理方法，将理论融入实践操作中。 (2)运用互动平台进行多维度的互动，激发学生的学习潜能。
	销售折让	(1)通过多媒体呈现销售折让的红字增值税专用发票。 (2)组织学生在观察中认识到销售折让与销售退回的原始凭证的异同，初步构建起对销售折让的认识。 (3)引导学生进一步分析销售折让与销售退回在账务处理上的异同。	(1)比较分析销售折让的红字专用发票与退回的红字专用发票的异同。 (2)通过知识的迁移，分析领悟销售折让时冲销收入的账务处理。 (3)编制销售折让的会计分录。	通过观察对比销售折让与销售退回原始凭证的异同，领悟账务处理的相同点——冲收入、不同点——冲成本，从而突破学习难点。

续表

教学过程		教师活动	学生活动	设计理念
第三环节：任务实施（15分钟）	厘清重点、难点	（1）通过多元互动平台发布重点、难点的提纲。 （2）组织学生读一读、议一议、想一想，梳理重点、难点。	（1）通过多元化的平台接收教师下发的重点、难点提纲。 （2）读一读、议一议、想一想。 （3）提出新的问题。	通过平台互动，激发学生课堂学习的主体性，学生学习的知识得到巩固提升。
第四环节：课堂检测（7分钟）		（1）通过多元互动平台发布练习题，组织学生进行课堂检测。 （2）在多元化的平台中进行评阅卷分析。	（1）在多元化平台中接收课堂检测题。 （2）在线完成操作。 （3）在线上传随堂练习，在教师的组织下进行分析，及时纠正错误，解决问题。	借助多元互动平台实时检测与评价学生的学习效果，及时发现并解决问题。
第五环节：总结提升（3分钟）		（1）通过师生交流互动进行课堂小结。 （2）引导学生构建思维导图。	在教师引导下总结出销售退回和销售折让在账务处理上的异同点。	通过师生互动，激发学生课堂学习的主体性；利用思维导图，促进学生的长效性记忆。
第六环节：布置作业（1分钟）		通过多元互动平台布置交流作业。	利用多元化的平台接收、下载课后作业，完成并上传。	（1）利用多元平台及时追踪学生的学习效果。 （2）利用平台交流实时解决学生的问题。

十、案例教学策略

案例教学是一种以案例为基础的教学，起源于 20 世纪 20 年代，由美国哈佛商学院所倡导。当时采取的是一种很独特的案例形式的教学，其中的案例都来自商业管理的真实情境或事件，容易激发学生的学习兴趣，案例教学中教师扮演着设计者和激励者的角色，鼓励学生积极参与讨论。案例教学不是告诉学生应该怎么办，而是要学生自己去思考、去探索、去交流，使枯燥乏味的内容变得生动活泼，促使学生主动参与课堂讨论，提高学生的人际交往能力、思考力、学习力等多种能力。

案例教学以问题为导向，把现实中需要解决的问题带到课堂内，把枯燥单调的理论章节的学习,变成解决真实问题的公开讨论,使学生从实践中来再回到实践中去,将理论和实践紧紧结合,激发学习兴趣,真正做到学以致用。

案例教学具有以下特点:一是实用性,案例来自经济活动,贴近现实生活,有助于培养学生解决实践问题的能力;二是典型性,案例具有同类事物的变化规律,学生可以举一反三,有利于认识经济发展的一般规律,培养创新能力;三是针对性,不仅能使学生解决当前问题,深刻地掌握会计理论的实践应用,而且能激发其开拓创新能力;四是综合性,让学生运用所学知识分析实践问题,培养其分析问题、解决问题的能力。

案例教学一般包括四个环节:个人学习、小组讨论准备、小组集中讨论和总结。

(1)个人学习。教师在课前就要把案例材料发给学生。让学生阅读案例材料,查阅指定的资料,搜集必要的信息,并积极地思索,初步形成案例涉及的情境问题及解决方案。教师可以给学生列出一些思考题,让学生有针对性地开展准备工作。这个步骤应该是必不可少而且非常重要的,这个阶段学生如果准备工作做得不充分的话,会影响整个培训过程的效果。

(2)小组讨论准备。对学生进行异质分组,将学员划分为由3~6人组成的几个小组。小组成员要多样化,这样他们在准备和讨论时,表达不同意见的机会就多些,学员对案例的理解也就更深刻。各个学习小组的讨论地点应该彼此分开。小组应以适合他们自己的有效方式组织活动。

(3)小组集中讨论。各个小组派出自己的代表,发表本小组对于案例的分析和处理意见。发言完毕之后发言人要接受其他小组成员的询问并作出解释,此时本小组的其他成员可以代替发言人回答问题。小组集中讨论的这一过程为学生自由发挥的过程。此时的发言和讨论是用来扩展和深化学生对案例的理解程度的。

(4)总结。在小组和小组集中讨论完成之后,教师组织学生归纳总结。以书面的形式作出总结,这样学生对案例以及由案例反映出来的各种问题有一个更加深刻的认识。

案例教学能否成功,案例的设计是关键。绍兴文理学院经济管理学院精心编写的《〈会计学基础〉案例集》,值得我们借鉴。

案例在线

以下案例选自绍兴文理学院经济管理学院会计研究室编写的《〈会计学基础〉案例集》。

案例一:企业如何衡量经营业绩

你所在的村的一位杂货商,得知你正在学会计,向你寻求帮助。他想了解他的企业在年末的经营状况及当年的经营业绩。他将以下有关企业的信息提供给你。所提供的全部数据,或是以 12 月 31 日为终止日期的当年数据,或是业务发生当日的数据。

有关会计事项:

支付给雇工的工资 3744 元;

年末货车价值 4800 元;

销售成本 70440 元;

自付薪水 15600 元;

销售收入 110820 元;

年末商店和土地的价值 6000 元;

钱柜里的现金 2100 元;

杂项费用(包括电费、电话费等)10500 元;

年末欠供应商的款项 2400 元。

你还获知当年该地区的地产已经升值。但是,房屋经过一般修缮后又被损坏了,所以总的来说它的价值仍维持在一年前的水平上。货车一年前价值 6000 元,但是,现在经过一年的折旧,价值比以前减少了 2000 元。

案例要求:

1. 评价该杂货商一年来的经营业绩(营业收入、净收益)。

2. 告诉该杂货商年末的财务状况(资产、负债、所有者权益)。

案例二:物资采购成本的计量

资料:2001 年 2 月,羽飞公司的穆空在做了一段时间的稽核工作之后,决定对自己担任材料会计时期的会计记录进行稽核,看看是否存在错误。在对 2000 年 11 月的会计记录稽核中,穆空发现下面一些会计记录:

(1) 2000 年 11 月,在购进乙、丙材料时,共支付了 10000 元的外地运杂费,

为简化核算起见,穆空把它作为管理费用处理,做账务处理如下:

借:管理费用　　　10000

　　贷:银行存款　　10000

(2)2000年11月,在购进甲材料时,由于途中有自然损耗,验收时发现应入库1000千克的甲原料只入库了950千克,该批材料单位购进成本为200元。穆空认为没有验收入库的原材料应作为当期损失,做账务处理如下:

A:借:原料　　　　190000

　　贷:材料采购　　190000

B:借:管理费用　　　10000

　　贷:材料采购　　　10000

穆空发现上面的会计记录后,认为这些会计记录是错误的,并做了必要的调整。

案例要求:你认为穆空的会计记录错在哪里? 应做怎样的调整?

第七章　会计心理导向教学的课堂教学模式

教师应成为学生学习的发动者。

——题记

"教学模式"一词最初是由美国学者乔伊斯和韦尔等人提出来的。1972 年，他们在《教学模式》一书中，系统地介绍了 22 种教学模式，认为"教学模式是构成课程和作业、选择教材、提示教师活动的一种范式或计划"。

结合国外学者对教学模式的阐述，笔者将教学模式定义为依据一定的教学理念、教学思想或教学规律，在教学实践中建立起来的较为稳定的教学活动结构框架和活动程序。将教学模式作为结构框架，突出了教学模式从宏观上把握教学活动整体的特点及各要素之间内部的关系和功能；作为活动程序，则突出了教学模式的有序性和可操作性。

一、教学模式的构成要素

教学模式是教学理论的具体化，通常包括五个因素：教学思想、教学目标、操作程序、实现条件和教学评价。五个因素之间有规律的联系就是教学模式的结构，具有可操作性。

(一)教学思想

教学模式是一定的教学理论或教学思想的反映，是一定理论指导下的教学行为规范。不同的教育观往往会产生不同的教学模式。比如，概念获得模式和先行组织模式的理论依据是认知心理学的学习理论，而情境陶冶模式的理论依据则是人的有意识的心理活动与无意识的心理活动、理智与情感活动在认知中的统一。

(二)教学目标

教学目标是教学模式的重要组成部分。在教学模式的结构中教学目标处于核心地位,并对构成教学模式的其他因素起着制约作用,它决定着教学模式的操作程序和师生在教学活动中的组合关系,也是教学评价的标准和尺度。教学模式与教学目标的这种极强的内在统一性,决定了不同教学模式的个性。各种教学模式都是针对特定的教学目的而设计的,每种教学模式都为完成一定的教学目标服务。

(三)操作程序

每种教学模式都有其特定的逻辑步骤和操作程序,它规定了在教学活动中师生先做什么、后做什么,各步骤应当完成的任务。操作程序应是基本的、相对的、稳定的,而不应是僵化的、一成不变的。

(四)实现条件

实现条件是指能使教学模式发挥效力的各种条件因素,如教师、学生、教学内容、教学手段、教学环境、教学时间等。

(五)教学评价

教学评价是依据教学目标对教学过程及结果进行价值判断的活动,指各种教学模式所特有的完成教学任务、达到教学目标的评价方法和标准等。由于不同教学模式所要完成的教学任务、达到的教学目标不同,使用的程序和条件不同,所以其评价的方法和标准也有所不同。除了一些比较成熟的教学模式已经形成了一套相应的评价方法和标准外,有不少教学模式还没有形成自己独特的评价方法和标准。

二、心理导向教学典型的教学模式

心理导向教学提倡使用一定的教学模式,但反对使用一成不变的教学模式,更反对程式化。"教学有法,但无定法,贵在得法。"要真正发展学生的个性,教学上必须构建适合学生个性发展需求的教学模式。那么,怎样才能构建符合学生个性化发展的教学模式呢?

对于中职学生来说,大部分学生的认知特点是形象思维强于逻辑思维,实践学习强于理论学习,动手能力强于动脑能力,学生不喜欢枯燥的学科知识。

而职业教育的培养目标不是培养被动的"知识储存器",也不是培养被指挥的"技能机器人",而是培养要生存、要发展、要职业的"社会人"。简单地说,培养的学生应具有独立从事职业活动的能力,也就是做事的能力,所以学生所需建构的知识是学以致用的知识。

基于此,从学生的认知规律和心理特点出发,中职会计教学的定位在于教授学生学以致用的知识,而不是系统的学科知识。如何达到理想的教学效果?唯有发挥学生的优势,打破理论课、实训课的界限,在同一时间、同一地点、同步进行理论与实践的教学,课堂与实践基地融为一体,理论教学教师和实践指导教师融为一体,专业理论与实践操作融为一体,让学生按要求进行专门的理论结合实践的学习。

理论与实践有机结合的教学既符合学生学习的心理特点,又顺应职业教育的发展方向,突破了以往理论与实践脱节的现象,教学环节相对集中。它强调充分发挥教师的主导作用,通过设定教学任务和教学目标,让师生在做中教、做中学,突出对学生动手能力和专业技能的培养,充分调动和激发学生的学习兴趣,打造师生、生生高效交互的教学模式。

在大胆尝试多样的教学做合一的基础上,本书提出了中职会计课堂理实一体化的 10 种不同的教学模式,对每种教学模式的概念、意义、操作原则、教学流程等作了详细介绍,并提供了相应的教学设计方案供中职会计专业教学参考。

(一)任务驱动式

1.概念

任务驱动是指以完成某一实践任务为中心,展开一系列教学活动。任务驱动式教学强调学生在完成任务的活动中学习,是实施理实一体化教学模式的一种教学方法。从学生的角度说,任务驱动是一种学习方法,适用于学习会计专业的知识和技能。任务驱动的特点之一就是围绕任务展开教学,使学生的学习目标明确,偏重于多种技能的训练,是一种特别适合培养职业能力、职业态度的教学,属于活动教学范畴。

2.意义

学生在教师指导下,紧紧围绕任务活动中心,在强烈的问题动机的驱动下,通过对学习资源的积极主动应用,进行自主探索和互动协作的学习,在完成任务的过程中体验学习的获得与满足,符合中职会计学生的学习心理需求特点。会计专业的技能训练一般可采用任务驱动式,它使用方便、条理清晰、效果明显、反馈及时。

3.操作原则

在任务驱动教学中,任务的设计是最重要的,它决定学生学习欲望的激发程度。任务的提出应把握几个原则:一是实践性,任务必须能够通过实践来完成,应尽量避免抽象和完全理论化任务出现;二是趣味性,兴趣对学生来说是很重要的,有了兴趣学生才会积极主动地学习,如果学生对你提出的任务没有兴趣,那该任务也是失败的,所以描述任务时要让学生对这个任务感兴趣;三是渐进性,把学过的知识和即将要学的知识结合,这样学生既能学到新知识又复习了旧知识,同时还学会了综合运用新旧知识;四是创新性,在设计任务的时候还要考虑到留给学生一定的创新空间,这样才会有利于培养学生的创新意识。总之,提出的任务要符合学生的认知规律,融教学内容于开放平等的教学环境中,引导学生去探求知识、获取知识、运用知识。

4.课堂流程

任务驱动式教学流程如表 7-1 所示。

表 7-1　任务驱动式教学流程

序号	流程	具体内容
1	情境创设	需要创设与当前学习主题相关的、尽可能真实的学习情境,引导学习者带着真实的任务进入学习情境,使学习更加直观和形象化。生动、直观的形象能有效地激发学生联想,唤起学生原有认知结构中有关的知识、经验及表象,从而使学生利用有关知识与经验去同化或顺应所学的新知识,发展能力。
2	任务提出	在创设的情境下,选择与当前学习主题密切相关的真实性事件或问题(任务)作为学习的中心内容,给学生一个需要立即去解决的现实问题。
3	任务分析	通过教师精讲点拨或学生自主学习完成该任务。若采用学生自主学习,则需要提供援助系统,如技能助手、微视频、任务书等。
4	任务实施	任务实施按组织形式分为个人版和团队版。个人版即学生独立完成任务,在学习过程中充分发挥主动性,学生通过实践,体验成功与失败,正确评价自己的认知活动,从中获取对知识、技能的正确理解。团队版即协作完成任务,每个学生完成其中的某一部分,通过小组讨论、分工合作、意见交流、辩论等形式解决问题,学生学会表达自己的见解,学会聆听他人的意见、理解他人的想法,学会评判、接纳和反思,开阔思路,从而对知识、技能产生新的理解。

序号	流程	具体内容
5	任务评价	学习结果与学习过程的评价必须相互结合、互有侧重。要特别重视学生的自我评价。学生参照评价标准内容,逐项给自己评定,并在作品或学习体会之后附上简短的自我评语或得分。在此基础上,教师可以组织学生评价小组进行核实或教师给予检查评定。 评价是任务驱动式教学中重要的一环,及时到位的评价能以评促学、以评促教。评价的内容包括:是否完成了对新知识和新技能的理解、掌握、熟练应用;学生自主学习、独立操作的能力;同学间相互协作的能力、合作意识;职业素养。科学的评价活动是指符合学生的认识规律,符合社会的要求,有利于学生自主学习和创新实践,有利于学生个性发展的评价活动。评价时不仅要指出学生的优点,也要看到学生的弱点,评价要科学;评价可以自评、组内评、组间评、教师评、企业人士评等,主体要多元化;教师要善于结合不同的学习内容、区分不同的学生个性,采用多角度、多层次评价方法。如:对大多数学生要肯定其当前的进步,采取激励的方法;对少数确有突出成绩且有较大发展潜能的学生要在肯定成绩的基础上提出更高的要求,使之发现不足,振奋其拼搏精神;对于个别后进生,要从不同的角度,尽可能多地发现其优势,多引导、多激励,使之树立赶超别人的信心。评价方法要灵活,评价不是总结,评价活动要贯穿课堂教学的全过程,有经验的教师在整个教学的过程中,能随时发现并及时捕捉学生的进步,哪怕是点滴的成绩,也要及时给予肯定和鼓励。

5.教学环境的要求

第一,在任务驱动式教学环境中,要向学生提供准确任务的情景和完成任务所需的相关软硬件资源,便于学生对任务需求、任务目标及任务实现的方法有清晰的认识,使学生能够结合已有知识,发挥自身的主动性与创新能力,利用各种资源,出色地完成任务。第二,要为学生提供阶段性独立进行任务规划与实践的条件,在教师对教学过程的把握与指导下,允许学生在一定的范围内自行安排自己的学习过程并解决在任务执行中出现的问题。第三,要为学生提供能够进行协作学习的环境。在任务驱动式教学中,为了完成某一特定任务,在任务分工、收集资料、制订实施步骤等环节中都要求学生进行充分的协作,通过团队的共同参与完成任务。

案例在线

任务驱动式教学设计

课时授课计划

教材	高二年级记账凭证填制与审核				
课题	任务 10.2.2　销售退回			班级	会 152
课型	讲评	课时	1	教具	多媒体
教学目标	1. 理解销售退回 2. 了解销售退回业务的原始凭证 3. 会根据销售退回相关原始凭证填制记账凭证				
教学重点	原始凭证的审核与分析				
教学难点	销项税额的处理				
教学方法	任务驱动教学法				
教学准备	PPT、推屏器				

教学过程

环节	教师活动	学生活动
第一环节 任务引入 (情境导入)	绿波服饰有限公司上个星期销售给光华贸易有限公司的冲锋衣质量不符合要求。光华贸易有限公司要求退回,如何解决? 同桌两人一个代表绿波,一个代表光华进行协商。	公司代表进行协商,结果交流。 1. 退回 2. 打折(折让)
第二环节 任务提出	(1)仔细观察拿到的三张原始凭证,说说与往日接触过的有什么不同。 (2)从三张原始凭证中分析绿波与光华发生了什么样的经济业务。 (3)根据你的学习经验,你认为会计会填制什么样的记账凭证,今天我们也来填制记账凭证。	

教学过程

环节	教师活动	学生活动

第三环节
任务分析

(1)观察。

(2)师生共同分析。

生:专用发票负数金额,表示退货。与销售相反。

师:负数代表红字。与销售相反,会计分录怎么反映?

生:也是方向相反吧。

师:很有道理。还有发现吗?

生:入库单是指退货已收到。

生:退回表示货已收到。

师:对啊,会计怎么记录?

生:也是相反,对吧?

师:与什么相反?

生:与销售时结转成本相反。

师:对的。还有问题吗?——没有,行动吧。

续表

教学过程		
环节	教师活动	学生活动
第四环节 任务实施	(1)审核红字发票和入库单。 (2)根据红字发票编制记账凭证,小组成员交叉审核记账凭证。 (3)挑选凭证,推屏展示,让其他同学进行审核。	(1)做中学,训练退货业务记账凭证填制操作的准确性、规范性。展示填制的记账凭证,审核正误。 (2)评中悟,在交互讲评操作中,对凭证中的各要素进行讲解,要有凭证号、附件、金额、分数编号法的应用。
第五环节 任务评价 拓展 (总结作业)		

第五环节任务评价拓展(总结作业):

浙江增值税专用发票

3300132130   No 03785419 3300132120
此联不做报销、扣税证使用   03785419
开票日期: 2016 年 10 月 14 日

购货方		
名　　称: 杭州欧尚超市		
纳税人识别号: 33013658258300		
地址、电话: 杭州市西湖商路 214 号 0571—86083888		
开户行及账号: 中国工商银行西湖支行 1202020609900129200		

密码区: 略

货物或应税劳务、服务名称	规格型号	单位	数量	单价	金额	税率	税额
机箱		个	200	-20.00	-4000.00	17%	-680.00
主板		片	20	-200.00	-4000.00		-680.00
合计					¥-8000.00		¥-1360.00

价税合计(大写) ⊗ 负玖千叁百陆拾元整   (小写) ¥9360.00

销货方		
名　　称: 浙江百迪电脑有限公司		
纳税人识别号: 330103274965932		
地址、电话: 杭州市清泰街 506 号 0571—89671558		
开户行及账号: 中国工商银行中河支行 1202014809624679046		

备注

收款人: 复核: 开票人:徐蓉   销售方:(章)

入库单(记账联)   编　号:0303

交库单位: 杭州欧尚超市   2016 年 10 月 14 日   仓库名称: 产成品库

产品名称	型号规格	计量单位	数量	单位成本	总成本
主板		片	20	150.00	3000.00
合计					¥3000.00

仓库主管: 李元   采购员: 检验员: 陈晨   记账员: 张辉   保管员: 张辉

中国工商银行
转账支票存根
10203331
00120825

附加信息

出票日期 2016 年 10 月 14 日
收款人: 杭州欧尚超市
金　额: ¥9360.00
用　途: 支付退货款

单位主管: 李俊   会计: 张英

(二)竞赛激趣式

1.概念

竞赛式教学就是将教学内容任务化,以竞赛形式完成教学任务的一种方法。竞赛是能够让人兴奋、使人快乐的一项活动。在竞赛中,学生情绪高涨,思维活跃,能够体会到竞争的乐趣和成功的快乐,能够产生希望的力量。

2.意义

教师根据教学目标和内容,利用中职学生好胜心较强、喜欢竞争等特点设计竞赛激趣式教学,把竞赛机制引入课堂教学,通过一系列奖惩措施,激励学生调动学习潜能,积极参与课堂活动,实现个性化和创新性发展。竞赛式教学课堂以竞赛的形式呈现,课堂不是教师的"独角戏",不是预设的再现,而是学生主动积极地参与。课堂是现场生成的,能使学生的思维得到有效激活。

3.操作要领

竞赛操作中,一是进行课前准备。其中,合理分组是竞赛成功开展的前提,一般可按照"组间同质、组内异质"的原则分组,组建团队,每组选出一个队长,取一个队名,确定一句口号。队名和口号对调动竞赛气氛、增强团队意识具有十分重要的作用。在比赛中只要一叫队名、一喊口号,学生就会兴奋和紧张起来,就能迅速进入竞赛状态。二是推进程序。竞赛激趣式教学分成四个环节。第一环节,热身。教师引课后就选择几个简单的问题进行提问,各组采用抢答的方式回答,以激活思维。采用抢答的方式能使学生由被动变成主动。第二环节,摄取。这是教师讲授新课、学生摄取知识的环节。教师由讲变为导,用抢答题或必答题的形式呈现新课知识,这时学生会结合教师的引导主动思考,并积极发言。第三环节,消化。这是学生对所学知识的理解、应用,可以对抗赛的形式开展,对一类问题各团队轮流发言,直到最后一个队发言结束。对抗赛有利于学生主动思考、表达与倾听,挖掘学生潜能。第四环节,吸收。队与队之间根据所学的知识相互出题目进行挑战,这时队与队之间为了相互"刁难",队员之间会相互探讨,所出的题往往知识整合度高、综合应用性强。三是竞赛统分。分环节、分题目计分。必答题由指定学生回答,正确加分,不正确扣分,队友代答不加分、不扣分。抢答题由老师提出后开始抢答,第一个获得答题权的学生,答题正确加分,不正确扣分,其他学生发言不计加减分;自由发言题发言正确均予计分。最后根据总积分排名。老师在各环节中要做好对节奏、分差、全员参与性、团队氛围激励等的把控。

4.课堂流程

竞赛激趣式教学流程如表 7-2 所示。

表 7-2　竞赛激趣式教学流程

序号	流程	具体内容
1	课前准备	在竞赛前学生已具备开展竞赛的条件。在内容储备上,能基本完成竞赛内容;在组织分配上,已合理分组,尽量公平公正;在管理安排上,能紧张有序地开展,既让课堂竞争气氛浓厚,又让竞赛过程平稳有序,"活而不乱"离不开课前各项工作的细致安排。
2	推进程序	教师布置竞赛的任务,说清比赛规则。一般理论问题分共答、轮答、抢答三种竞争方式。共答指问题提出后,由各组成员商议后派代表作答,为防止组内成员"共而不答",不积极参与讨论,代表也可以由教师现场指派;轮答指教师提出一组问题后,每个小组轮流作答,作答顺序可按序号由教师或组员事先确定,保证每个小组参与作答的题数一致,以及参与作答的学生机会同等。抢答即教师提出问题后各小组举手或利用抢答工具抢答,可以增加竞争的趣味性,也可以增大课堂的机动性,锻炼学生的直觉思维和创造性思维。对于实训内容,可设定为团队作战,人人参与,共同完成"比质量、比效率、比规范"。比质量,教师按小组成员的平均分计算本组成绩,促使他们相互讨论、合作,让组内成绩较好的同学主动去教,让组内成绩相对较差的同学主动去学。比效率指以组内最后一名学生完成的时间为本组的完成时间,形成组内积极向上的舆论导向,学会互相帮助,共同进步。比规范指操作要符合规范,养成文明安全的操作意识,打造紧张有序的课堂环境,若出现违规操作或大声喧哗、无故走动等问题,将予以适当扣分。
3	竞赛统分	以组为单位,统计小组得分,通过小组分数的计算,提高学生的学习积极性,让学生的合作意识、主动性、创造性得到发挥。常用的统分方式有:①在黑板上列出小组计分表格,用粉笔书写相应得分,简单方便;②在实训室墙壁上张贴小组得分表,用油性笔书写小组得分,用大拇指贴纸(红旗等图案均可)指出本周的优胜小组;③可使用体育比赛的记分牌、玩具彩球等,增加直观性、趣味性。
4	评价奖励	竞赛就是要增加趣味性、激发学生的积极性,给力的奖惩措施是整个活动正常开展的保障,必须仔细制订和严格执行。在竞赛课堂的结尾,必须花精力去回顾竞赛过程中的精彩花絮,大力表扬学生的闪光点和展示学生的优胜作品,讲清好在哪里以及为什么好,表扬要到位到点,同时对竞赛过程中的一些问题也要加以指出,提醒学生下次改正并给予改正的方法,最后要对优胜小组予以物质上、政策上的奖励,对较弱的小组予以鼓励和适当的惩罚。

案例在线

"会计等式"教学

以"会计等式"教学为例,教学目标可以这样设置:

认知目标:①了解会计基本等式的含义;②掌握会计等式的表达式;③掌握经济业务发生对会计等式的影响。

能力目标:培养思辨能力、表达能力。

情感目标:提高协作精神、竞争意识。

教学流程如下:

一是课前准备。

1.材料准备

教学材料的整理是竞赛激趣式教学的关键。教师在了解学生实际的基础上,精心设计导语,设计好教学流程的每一个环节,精心设计竞赛题,以适应不同层次学生的需求,满足学生的生理感官与心理需求,可以做成视频,可以以文字的形式呈现,也可以以票据、图片等形式呈现。

2.形式选择

①竞赛形式。具体形式有抢答赛、对抗赛、挑战赛、积分赛等,采用口头表达、书面表达两种竞赛方式。这些竞赛形式可单独使用,也可组合使用。

②竞赛题型。竞赛的题型有自选题(难易度分 A、B、C、D 四档,分值不同、风险不同)、必答题、抢答题、合作题等。

③竞赛时间。竞赛时间比较灵活,可整堂课进行竞赛,也可穿插使用,还可延伸到课外。总之根据课程要求灵活选择,一般有课前热身、课中提高、课后巩固。

3.团队划分

根据中职学生的学习状况和发展需求,小组赛是会计教学竞赛的主要组织形式。把全班学生分为四大组,再将每大组分成两个小组,根据不同的比赛内容组织大组或小组之间的竞赛。组员根据学生成绩和意愿进行合理搭配,做到好、中、差比例适度。每组还要选出一个队长,取一个队名,确定一句口号。队名和口号对调动竞赛气氛、增强团队意识具有十分重要的作用。

二是推进程序。竞赛激趣式教学分成四个环节。

1. 热身环节

师：俗话说"巧妇难为无米之炊"。企业为了赚钱，要开展生产经营活动，这就必须拥有一定量的资产，比如厂房、机器等。同学们肯定还知道不少资产。下面比一比在 3 分钟时间内哪几组说得多，说过的不能重复。比赛开始。（由教师当裁判员）

学生每说一项，教师判正确（或错误）就相应地加一分（或减一分），并当即在黑板上预先设计的位置以写"正"字的方式计数。

教师引课后就选择几个简单的问题进行提问，各组采用抢答的方式回答，以激活思维。采用抢答的方式能使学生由被动变成主动。

3 分钟时间到，老师根据黑板上的分数，说："这一环节，××队领先，更加精彩的还在后面。"

2. 摄取环节

师：大家在 3 分钟内罗列了很多资产。这些资产都有其来源，要么是投资人投入的，比如股东投入的；要么是债权人提供的，比如向银行借来的。所以投资人和债权人对企业资产都有要求权，都想得到好处。这种要求权被称为权益。资产和权益是同一事物（经济资源）的两个方面：有一定量的资产，就必定有其相应的资金来源；反之，有一定的资金来源，也必然表现为等量的资产。用公式表示资产和权益的数量关系，并解释原理。抢答开始。

板书：资产＝权益

抢答题：权益包括债权人权益，也叫负债和所有者权益。所以，"资产＝权益"又可以写成什么？抢答开始。

板书：资产＝负债＋所有者权益

给学生播放有关企业供、产、销等业务的 5 分钟左右的视频。

师：企业在生产经营中会发生购买材料、生产产品等经济活动，能运用会计方法反映的经济活动，我们称之为经济业务。经济业务有很多，下面大家比一比谁说的经济业务多。

教师还是裁判员。学生每说一项教师判正确（或错误），相应地加一分（或减一分），并当即在黑板上预先设计的位置以写"正"字的方式计数。

师：我们来看一看经济业务的发生对等式的影响。如用银行存款购买材料 10000 元，引起资产中的银行存款减少 10000 元，资产中的原材料增加 10000元，资产内部有增有减，总额不变。

投影出示：某企业发生的经济业务。

竞赛题：选择一项经济业务进行分析。

这是教师讲授新课，学生摄取知识的环节，教师由讲变为导。这时学生会结合教师的引导主动思考，并积极发言。

3. 消化环节

师：小组讨论归纳经济业务影响基本会计等式的类型。

竞赛题：经济业务影响基本会计等式的类型。

板书如下：

（1）资产与权益同时增加，增加金额相等，等式保持平衡。

（2）资产与权益同时减少，减少金额相等，等式保持平衡。

（3）资产内部有增有减，增减金额相等，等式保持平衡。

（4）权益内部有增有减，增减金额相等，等式保持平衡。

这是学生对所学知识的理解、应用，可以用对抗赛的形式开展，对一类问题各团队轮流发言，直到最后一个队发言结束。对抗赛有利于学生主动思考、表达与倾听，挖掘学生潜能。

4. 吸收环节

师：小组讨论经济业务是不是只有以上几种类型，会不会有其他可能。

竞赛题：经济业务类型对会计等式平衡关系的影响。

结论：（1）经济业务的发生会引起会计等式一方要素发生有增有减变化，双方总额不变，等式保持平衡。

（2）经济业务的发生会引起会计等式双方要素发生同增或同减变化，双方总额或增或减，但等式仍保持平衡。

队与队之间根据所学的知识相互出题目进行挑战，这时队与队之间为了相互"刁难"，队员之间会相互探讨，所出的题往往知识整合度高、综合应用性强。

三是竞赛统分：分环节、分题目计分。必答题由指定学生回答，正确加分，不正确扣分，队友代答不加分、不扣分。抢答题由老师提出后开始抢答，第一个获得答题权的学生，答题正确加分，不正确扣分，其他学生发言不计加减分；自由发言题发言正确均予计分。最后根据总积分排名。老师在各环节中要做好对节奏、分差、全员参与性、团队氛围等的把控。

四是评价奖励。

"会计达人"知识竞赛方案

一、活动目的

(1)通过活动促使财会专业学生巩固会计基础知识,熟悉财经法规。

(2)丰富学生课余生活,促进学生相互交流,营造良好的学习氛围。

(3)创新教学形式,展示学生风采,激发学生学习财会专业知识的兴趣。

二、活动时间

4月16日(下周三)

高一　12:30—14:10

高二　14:15—15:50

三、活动地点

报告厅。

四、参赛人员

高一、高二财会专业学生。

五、比赛内容

高一《会计基础》;高二《会计基础》《财经法规》。

六、组织形式及比赛规则

(一)组织形式

采用口答方式。分高一组和高二组,每组6个队18名选手。

(二)决赛规则

决赛有必答题、抢答题和加赛题。各小队、各队员抽签决定必答题的答题顺序。每队每人基础分为60分。每个答题队员的加减分同时计入个人分和小队分。

1.必答题(每队12题,每题10分)

(1)每队每人必答3题,按抽签顺序答题;另3题为小队必答题,可选择队内任何一人进行回答。答对一题加10分,答错不得分也不扣分。

(2)主持人念完题目后再作答。选手在主持人说完"开始答题"后的20秒钟之内必须完成回答;否则,取消其答题资格。

2.抢答题(共20题,每题10分)

(1)须在主持人念完题目,说"开始抢答"后才能抢答。

(2)抢到答题机会后,可选择本队内任何一人进行回答,选定一人回答后,队内其他人不得进行补充。答对加10分,答错扣10分。

（3）必须在抢到答题机会后 20 秒内完成答题；否则，取消答题资格，并扣 10 分。

3. 加赛题

在前两个环节结束后，若出现团队分数相同不能确定排名顺序的情况，要进行加赛。加赛形式为抢答题，每次加赛 1 题，每题 10 分，胜者名次排前。

（三）互动环节

为活跃现场气氛，在每轮竞赛结束后，主持人在题库中任选 6 题向现场观众提问，答对者获得一份奖品。

七、奖项设置

按总分从高到低取奖，各年级均设：

团体奖：一等奖 1 名，二等奖 2 名，三等奖 3 名。

个人奖："会计达人"一等奖 6 名，二等奖 6 名，三等奖 6 名。

（三）交互活动式

1. 概念

中职会计交互活动式教学，就是在中职会计教学中，通过对社会需求、学校发展以及学生需求的研究，找出学生的需要和欲望，并通过给学生搭建满足这种需要和欲望的舞台，让主体间（包括师生、师徒、生生）在交互中共同参与教学活动，相互承认与尊重，实现多种方式的相互作用、相互沟通，促进学生全面和谐发展。这是一种开放的、建构的、全新的教学模式。

2. 意义

交互活动式教学必须给学生搭建两个"舞台"：一是激发学生接受新知识、提高技能水平的"舞台"；二是学生主动学习、分享知识和技能的"舞台"。教学交互的核心是学生，目的是在学生的学习过程中，通过各种相互交流和相互作用，改变学生的行为，从而实现教学目标。当环境对学生的影响能够使学生的行为朝着教学目标方向发展时，教学交互是有效的。因此，教学交互应该有两个作用：一个是改变学习者的行为，另一个是让学习者的行为逐渐逼近教学目标。交互活动式教学重点关注相互交流和相互作用对学生学习的意义。

3. 操作要领

交互活动式教学必须实现"三个交互"：一是教师指导和学生学习之间的交互；二是学生的学习策略、技能和知识之间的交互；三是学生、教师和材料之间的交互，包括原有材料及生成材料。在实践中可以在两个水平上认识教学交互:一个水平是将教学交互看作学生与学习环境相互作用的一种理想结果;另一个水平是将教学交互看作使教学满足学生学习需要的教学活动的一个属性。

4. 教学流程

交互活动式教学模式是在全新思想指导下建构的,其过程是交往的过程,要求教师信任学生,解除学生身上的枷锁,交还学生应有的权利,让学生敢想、敢说、敢做,形成教与学自然交互的状态。交互活动式教学流程如表 7-3 所示。

表 7-3　交互活动式教学流程

序号	流程	具体内容
1	开始互动	创设情境,旨在营造一种自由、宽松的环境氛围,消除学生与教师之间的隔阂,让学生入情入境,自由地展现自己。在自我展示中,重新审视自身、认识自我;在他人展示中,悦纳对方,学会欣赏与倾听。教师要放下架子,抛却命令的口吻,走进学生的心灵,倾听学生的心声,欣赏学生丰富的内心世界,鼓励学生、了解学生。作为学生则要充分利用教师交还给自己的表现权利,展现自己的个性,演绎自身的潜能,跨越师生之间的鸿沟,架起同学之间交往的桥梁。学生要表现并学会欣赏、学会倾听。欣赏是真正的心领神会,是在真正的生活情境中对内在价值的评价。表现就是要创设一种真实的案例情境,让学生有话可说,让教师真正理解学生。倾听则要求教师变换角色,站在学生的位置上了解对方。学会欣赏与倾听是师生交往的基础,也是交互活动式教学的前提条件。
2	初步互动	教学离不开知识的授受,知识是师生之间的一个基本的、必要的中介因素。知识不只是目的,更是一种手段,是理解和利用其他精神财富的技能和本领。在教学过程中,教师主要通过讲授新知识、巧布疑阵、引导学生自学、鼓励学生思考几个环节来执行。授新要精,讲授知识要留给学生自由发挥的空间,不要面面俱到捆绑学生的手脚、束缚学生的发展。把知识嚼碎只会培养出懂知识的"两脚书橱",而不是独立思考的人;替学生大包大揽也只会助长学生的依赖情绪,使他们失去面对困难的判断力和意志力。布疑要巧,要能培养学生发现问题的能力,直接呈现的问题仅仅是一个问题,无法让学生在发现问题的过程中学会发现。所以,教师的引导很重要,要慢慢地引出问题。引学切忌强迫。引,即疏导,不能用强迫的或苛刻的方法施教。授新也好,布疑也罢,都不要强加于学生,学生只有感到自由与安舒,才乐于接受引导,自愿学习新知识。要鼓励学生自己去发现问题,在思考探究中解决问题,学会学习。

续表

序号	流程	具体内容
3	充分互动	质疑问难成为学生学习的主要手段。"思维活跃于疑路的交叉点",通过质疑,进行反思;通过反思,建构知识。这一阶段学生的主体性得以充分展现,教师则主要起顾问的作用。质疑需要读书,需要思考,"读—思—疑—思—构"是这一阶段学生的主要学习方式,"教是为了不教"在此得到完美的体现。读的书要广、要活,学生要走出课堂、走出学校,走向生活、走向世界,在世界中、在生活中运用自己的理性体验生活、理解世界,把握深化原有的知识,发现学习新的知识,在广袤的世界中读出奥妙,读出千姿百态。读书要思考,"学而不思则罔"。思考是智慧的源泉,有思才有疑,有疑才能有更高层次的思,才能渐入无疑之佳境。正如朱熹所说:"读书始读,未知有疑。其次则渐渐有疑。中则节节有疑。过了一番后,疑渐渐释,以至融会贯通,都无可疑,方始是学。"从无疑到有疑再至无疑,这是思考的作用,是不断反思重新建构的结果。通过读而思、思而疑、疑再思,如此循环往复,不断加深对知识的理解,完成对知识的建构。
4	深化互动	生生交互是交互活动式教学的一个关键点,教师要充分相信学生有非常强的解决问题的欲望和能力。这一环节教师的功能就是引导,引导各组学生(可以是前后桌,可以是自由组合,可以是课前分组)将自己发现的问题提出来讨论,交流各自的观点,在组内解决问题。把不能统一的观点及没被解决的问题记录下来,并在下一环节中讨论解决。
5	内联互动	论争辩难是在学生小组合作的基础上,给学生提供机会,让他们描述各自观点,相互辩难,在争论中深入认识,完成知识建构,最终做到在竞争中合作,在竞争与合作中相互交流,共同提高。这一阶段教师负责组织与主持,对整个争辩过程进行调节和控制,把握节奏,调控方向,在辩论结束时进行总结。当然,总结不一定要有彻底解决问题的方案,关键是让学生通过论争辩难学会交互学习,学会有合作的竞争,在辩驳中明确道理。作为教师,其学习者的潜角色地位再一次得以凸现,在指导学生的过程中向学生学习,用"学"指导"教",在向学生学习的过程中进行反思,不断地提高、完善自己。而作为学生学习,则主要是"说—听"的循环往复、螺旋上升的过程。在激烈的争辩中,学生积极发言,用自己建构的知识充分地表达对问题的理解,以求能在思想上、精神上进行真正的交流。但是,"说"不是一种简单的重复,更不能借助重复来强调自己的正确性,大家各抒己见、论争辩难是为了发展自己,在具有合作性的"听"中发展自己。合作也就是科学的交往,它能让每个人的动力、清晰性和吸引力都达到巅峰状态。每个人都要以真诚和谦虚的心态倾听来自他人的、异于自己的声音。在整个"说—听"过程中,学生始终是一个积极的参与者、创造者,在竞争性的"说"中理顺原本自己不太清晰或已被其他声音扰乱的思绪;在合作性的"听"中凝神静思,对原有的认知图式进行创造性的建构;在竞争合作的"说"与"听"中达到所要追求的目标:相互沟通,共同发展。

续表

序号	流程	具体内容
6	发展互动	学生通过前几个环节的思考、展示、争辩,已对知识有了一定的理解,能力得到了提高。教师进一步引导学生去总结,促使他们进一步相信知识是自己悟出来的,不是教师教给的,进一步相信自己完全有能力学习,进一步相信这个专业是适合自己个性发展的专业,最终实现自我发展、自我升华。

表 7-4 和表 7-5 分别为理论课和实训课的交互活动式教学设计。

表 7-4　理论课交互活动式教学设计　　理论课地点:教室

环节	情景设定	教师活动		学生活动		学生情绪状态	学生认识过程	备注
		特征	要求	特征	要求			
开始互动	创设情景案例出示	精心设计案例	掌握教学目标,将教学内容进行分解	关注案例,谈发现的新问题	联想相关知识	兴奋好奇	由已知逐步进入新知	
初步互动	授新设疑,引导学生自学	讲解倾听	巧布疑阵	提出问题	不断提出问题	沉思	逐步进入认知状态	
充分互动	思考建构	巡视	少说多看,关注答疑	分析问题	独立思考	思考	认知	
深化互动	讨论合作学习	巡视各组,收集问题	关注发现的问题	小组讨论	小组成员间相互检查完成情况,发现问题	完成任务的成功感	深入发现新问题	
内联互动	辩论	引导各组描述观点	板书各组发现的不同问题及观点	描述观点及发现问题	认真倾听各组同学的发言	踊跃发言、争论	问题深入	对问题持不同的观点,并讨论
发展互动	自我升华	肯定学生	不是简单的对错评价	知识、能力、兴趣升华	尊重同学、尊重老师、尊重知识	兴奋	拓展知识、发现新问题	提出建设性意见

表7-5　实训课交互活动式教学设计　　实训课地点：模拟室

环节	情景设定	教师活动		学生活动		备注
		特征	要求	特征	要求	
开始互动	发给学生原始凭证	发放	少讲多看	观察	提问	
初步互动	学生分析、练习	巡视	发现问题	根据以往经验处理业务	填写清楚	规范操作
充分互动	学生提问	答疑	理论联系实践	提问思考	解决问题，做到应知应会	规范操作
深化互动	检查过关	检查讲解	听学生分析，直到个个过关	讲解做法	知道为什么要这样	
内联互动	学生帮扶	继续检查，个个过关	严格要求	互动帮助	过关的同学指导还未完成的同学	
发展互动	归纳总结，提高拓展	布置作业	提升	理论提高	应用	

案例在线

《基础会计》第六章第二节"供应过程的核算"

1.设计理念

以交互活动式教学为手段，给学生搭建两个"舞台"：一是激发学生接受新知识、提高技能水平的"舞台"；二是学生主动学习、分享知识和技能的"舞台"。实现"三个交互"：一是教师指导和学生学习之间的交互；二是学生的学习策略、技能和知识之间的交互；三是学生、教师和材料之间的交互。

2.教学目标

(1)认识采购过程的简单业务。

(2)初步掌握采购过程的核算。

3.能力目标

(1)通过业务的变化培养学生的观察能力、分析能力。

(2)通过岗位模拟激发学生的学习兴趣，培养操作能力。

4.情感目标

(1)体验成功。

(2)培养乐学情感。

(3)培养实事求是的态度。

5.教学用具

投影仪、多媒体设备。

6.准备材料

(1)业务1:增值税专用发票、收料单、转账支票存根。

(2)业务2:增值税专用发票、收料单。

(3)业务3:增值税专用发票、转账支票存根。

(4)业务4:增值税专用发票。

7.教学过程

第一环节:创设情景,引出课题。

导语:同学们,通过前段时间的筹备,我们的家具公司已经成立,厂房、机器设备已经添置,工人已经招好。马上就要投入生产了,可我们还没有原料。(引出购买材料的课题)

(1)学生表演采购活动,取得增值税专用发票。

(2)讲解增值税专用发票的内容及意义:

①是购销成立的证明;

②是收付款的依据;

③提供购买货物的名称、数量、单价、金额、税额等信息。

(3)重点讲解增值税:增值税是购买时根据货款的17%计算支付给卖方的。因为是进货时发生的,所以叫进项税额。(为下面的分录做铺垫)

第二环节:提出问题,引发思考。

(1)看了刚才的采购现场表演后,你认为该批材料付款了没有? 验收入库了没有?

(2)学生发言,阐述不同观点。

(3)得出结论:当时没有付款,没有入库,因为财会部门没有收到付款和入库凭证。

(4)如果当天下午货物到达企业,全部验收入库,并且开出转账支票付了款,那么财会部门将会收到哪些凭证?

(5)学生发言,教师强调:仓管部门交来收料单,出纳交来转账支票存根。

(6)讲解转账支票存根和收料单中提供的信息。

第三环节:分析业务,建构知识。

(1)师生根据收到的增值税专用发票、收料单、转账支票存根三张原始凭证,综合表述所发生的经济业务。

业务1:12月1日我们公司从大发有限责任公司购入红松木100立方米,每立方米300元,计货款30000元,增值税5100元,款项35100元已用银行存款支付。材料已入库。

(2)结合已掌握的知识分析这个业务所引起的各账户金额的增减变化。银行存款减少和原材料增加学生能马上说出来,但增值税需要教师点拨。

①与增值税相关的总账科目为应交税费,二级科目为应交增值税,明细科目为进项税额。

②从借贷平衡原理分析,应交税费——应交增值税(进项税额)金额为借方。

③再从应交税费属于负债类,支付了,表示负债减少,记在借方分析。

(3)根据分析结果写分录。

第四环节:操作演练,情感体验。

(1)按下列要求观察资料:

①将对业务2、业务3、业务4收到的凭证与业务1进行比较。

②各业务的凭证给我们提供了哪些信息?

③试着用文字概括业务。

④编写分录。

(2)学生发言,说出业务内容。

(3)板演分录。

第五环节:概括小结,提升认知。

从以下几个方面进行总结:

(1)供应过程的主要业务;

(2)供应过程的主要原始凭证;

(3)供应过程的主要账户及用途结构;

(4)供应过程的主要分录。

第六环节:完成作业,课外延伸。

(1)学习第六章第二节"供应过程的核算",整理笔记。

(2)根据原始凭证做分录3题。

(3)想一想:除了今天课堂上的采购过程业务,还有哪些可能的业务? 如果发生运费,材料的成本会如何变化?

(四)授权合作式

1. 概念

"授权"引自管理学,指的是以人为主体对象,将所需完成工作中的必需的权利和责任给予下属,并以下属为主体完成既定工作目标的一个过程。授权式管理是通过别人来完成工作的管理办法。

授权合作式教学,就是教师将部分教学权力和责任赋予学生,并以学生为主体完成既定工作目标的一种教学模式。

2. 意义

授权合作式教学是建立在信任的基础上的,是锻炼人、培养人的一种手段,是一种特别的激励方式。授权的目的是为学生健康成长、培养能力提供平台,以更好地完成既定的教学目标。授权并不意味着教师放弃自己的职责,不是对学生放任不管,而是适度放手,换一种更有利于发挥个体积极性的教育方式来完成教学任务,实现教育目标。

3. 操作要领

(1)精心设计导学,交给学生学的权利。

教师除了制订学习目标的权利不能放给学生外,其他权利都可以放。教师要精心备课,确定教学目标,并对学习策略提出具体化的指导,提供相应的条件,交给学生学的权利,让教师的教学计划成为学生的学习计划。学生有了学习方向,授权才能做到放手但不放任,自主但不自流。

(2)巧妙布局导教,交给学生教的权利。

会计的技能教学中,授权策略与任务驱动教学法和小组合作组织方式相得益彰,可以取到极佳的教学效果。学生在完成学习任务的过程中,往往是部分做得快的学生先碰到困难,出现一些错误的做法,暴露真实的问题,这就需要老师对症下药进行引导,而这时的教将更具有针对性、时效性。

学生的差异性客观存在,在人数达到四五十人的班级里,教师很难靠一己之力辅导每位学生,所以要充分调动学生一起参与教学。教师授权给先掌握知识或技能的学生,赋予他们教的权利,让他们当"小老师",教团队里的队员。这时候操作上的指导就不只是教师一个人的事,而是生生互教、同桌互教、团队互教,教师的课堂成为学生展示的舞台。

(3)科学判断导评,交给学生评的权利。

教育家苏霍姆林斯基说过:"真正的教育是自我教育。"学生需要依靠评价来了解自己的学习成绩,监控自己的发展。因此,把评价纳入学习过程,不但应该成为教师的课堂理念,而且应该成为学生的共识。学生的自我评价能力并非与生俱来的,也并非一蹴而就的。教师要循序渐进地培养学生的自我评价能力。其一,教师在教学对话中要倾听学生观点,引领学生作出科学的判断。其二,在教学评价中,要引导学生参与评价,将评的权利交给学生,让学生进行自我评价,真正调动起学生的主体意识。

(4)适时放手导做,交给学生做的权利。

备课、上课、辅导、做题库、批改、设计活动……这些繁重的日常工作占据了教师的大部分时间,没有时间研究学生、研究教材、研究社会对人才的需求,由此会导致教学的盲目、低效。通过授权将上述教学任务交给学生,赋予他们做事的权利,让学生在独立完成任务中得到锻炼提升,而教师则可从机械的日常工作中解放出来。

4.教学流程

授权合作式教学的流程如表 7-6 所示。

表 7-6　授权合作式教学流程

序号	流程	具体内容
1	任务设计	课前教师要根据学生学习的内容设计导学方案,召集队长及"小老师"培训。
2	任务分析	教师借助一定的手段与方法(基本的工作分析方法与工具),对整个岗位的各种工作任务进行分析、分解,找出构成整个岗位工作的各种要素及其关系。
3	授权执行	学生以团队为单位完成任务,若有疑问,学生可通过两种途径获得帮助:请教现场教师;在资源库中查找相关资料。资源库准备三类帮助锦囊:锦囊一,案例视频;锦囊二,相关知识微课视频;锦囊三,相关案例分析文本。 教师巡回指导,随时给予答疑解难,学生在不断地自主纠错的过程中,落实重点。

续表

序号	流程	具体内容
4	适时帮导	"小老师"帮助同学解决困难,及时纠正错误,保证同学能完成任务。教师答疑。
5	任务反馈	对于课堂上的任务,各组根据"电教员"抓拍的内容进行记录,并梳理小结,由各组"讲解员"进行交流反馈,全班共享。
6	拓展提高	课后按流程再进行一次独立操作训练。

案例在线

授权合作式教学"六环"实施范例

以浙江省课改新教材《记账凭证的填制与审核》第七模块"7.1.1 计提工资及福利费"一课为例来阐述授权合作式教学方法。

1. 任务设计

填制和审核计提工资及福利费导学案。

2. 任务分析

(1)填制与审核工资汇总原始凭证:以浙江长江服饰有限公司会计人员张丽丽的身份,根据 10 月份的各部门工资单填制工资结算汇总表。要求认真完成,交队长复核,直到通过。

(2)填制与审核分配工资的记账凭证:以浙江长江服饰有限公司会计人员张丽丽的身份填制工资分配的记账凭证。

(3)审核分配工资的记账凭证:以浙江长江服饰有限公司会计人员王玲芳的身份审核工资分配的记账凭证。

(4)填制与审核计提福利费的记账凭证:以浙江长江服饰有限公司会计人员张丽丽的身份填制计提福利费的记账凭证。

(5)审核福利费用计提的记账凭证。以浙江长江服饰有限公司会计人员王玲芳的身份审核计提福利费的记账凭证。

3. 授权执行

授予个人权利:复核工资单、填制工资结算汇总表、填制分配工资的记账凭证、填制计提福利费的记账凭证。

授予团队权利:每个团队中四个队员分别被授予不同的权利。授予队长审核的权利；授予"电教员"抓拍推屏的权利；授予"小老师"帮扶指导的权利；授予"讲解员"分析反馈的权利。

4.适时帮导

"小老师"帮助同学解决困难，及时纠正错误，保证同学能完成任务。

5.任务反馈

队长填制的记账凭证由教师审核，队员的由队长审核。一般来说队长动作比较快，往往最早完成，老师先检查队长填制的记账凭证，并指出存在的问题，每个小组只需检查一人，然后授权他去审核另外三人。这样做可以提高课堂效率，每个成员都能受到关注和督促，及时发现问题、解决困难、跟上节奏。各组根据"电教员"抓拍的内容进行记录，并梳理小结，由各组"讲解员"进行交流反馈，全班共享。

6.拓展提高

（1）根据工资汇总表填制工资分配的记账凭证。

（2）根据福利计提表填制福利费计提的记账凭证。

事实证明，通过授权审核的形式，由队长先审核一遍课后作业，记录队员的作业情况再交给老师检查批改，一个队长管三个队员，学习效率更高。而且这种方式一方面解放了老师的手，另一方面使学生学得更主动、更生动。

（五）项目整合式

1.概念

项目整合式教学是在技能教学中按照专业技能课程的特点，从学生的学习生活、社会生活和专业学习中有计划、有针对性地提取项目，让学生在自主探究性的学习中获得实践经验与切身体验，激发学生的兴趣和创新精神，提高学生综合能力的一种教学活动。在中职会计教学中应用项目整合式教学可以实现从单项技能到综合技能的跨越。

2.意义

项目整合式教学将各种单项会计技能有效地融合起来，营造一种新型的教学环境，体现会计连续性、全面性、统一性、综合性的特点，让学生体会财务真实的工作情境，体验学习的成就和工作的高效，实现一种既能发挥教师主导作用，又能充分体现学生主体地位的以自主、探究、合作为特征的教与学方式，把学生的主动性、积极性、合作性较充分地发挥出来，从而使对学生的合作能力与实践能力的培养真正落到实处。

3.操作要领

(1)项目梳理。按照会计专业学习内容的特点和学生的认知规律,会计实务教学第二阶段进入综合模拟阶段,这个时候的教学需进行项目整合。先梳理原始凭证的审核、记账凭证的填制、各类账簿的登记、报表的编制等单个项目;然后有机整合,进行项目的总设计,设计一个公司一个月的经济业务。

(2)学生分组。包括组队及分工,学生四人为一个小组,每个组员分工不同:一个填制记账凭证,一个明细账会计,一个总账会计,一个出纳。

(3)组长培训。每次课前对组长进行指导。

(4)课堂记录。每次课后对课堂完成情况做记录,记录各组在完成项目过程中发现的问题和解决问题的情况。

4.课堂流程

项目整合式教学的流程如表 7-7 所示。

表 7-7　项目整合式教学流程

序号	流程	内容
1	项目情境	根据企业一个月的经济业务的原始凭证按准则进行相应的账务处理。
2	制订项目实施计划	小组根据项目情境,制订项目计划,一般包括项目进度目标、实施的组织形式、项目工作分解结构、项目实施要点、项目沟通与协调方式、项目各阶段及文件要求等内容。
3	分析资料实施项目	根据拿到的文件进行分析,进行相关学习资料的收集,小组学习讨论,按计划开展项目实施工作。
4	总结撰写项目报告	描述项目背景、项目实施的情况、实施过程中碰到的问题、所采用的解决办法、存在的问题以及完成情况。

案例在线

浙江河山家具有限责任公司一个月的账务工作

一、企业概况

浙江河山家具有限责任公司是一家小型制造企业,公司为一般纳税人,税率为17%。公司从事家具产品的生产和销售,主要从事大衣柜、沙发、床三种产品的生产和销售。公司注册资本 80 万元，法定代表人江山。公司地址：浙江省杭州市西湖区转塘街道象山路×号，电话：0571-8555××××，纳税人识别号：33010353960××××。

公司于 2016 年 1 月 1 日起执行《小企业会计准则》，会计核算组织形式实行集中核算，财务科内岗位设置合理，人员配备齐全。会计主管张强，出纳李晓波，会计刘树根，业务开票员李娜娜，仓管员王英，会计核算规范、准确、及时。

公司开户银行及账号：工商银行上泗支行 42120031050008××××。

二、会计核算政策和核算程序

1.流动资产核算

(1)库存现金限额 5000 元。

(2)原材料有橡胶木、三夹板、油漆三种，产品有大衣柜、沙发、床三种，发出存货实际成本按先进先出法计算结账。

(3)周转材料采用一次摊销法。

(4)应收账款、其他应收款于发生坏账时直接计入营业外支出。

2.成本费用核算

(1)产品成本按月计算，原材料为生产开始时一次投入。采用定额成本法计算本月完工产品成本。在产品定额：大衣柜(单位定额成本 12000 元，其中直接材料 9000 元、直接人工 2000 元、制造费用 1000 元)、沙发(单位定额成本 11000 元，其中直接材料 8000 元、直接人工 2000 元、制造费用 1000 元)、床(单位定额成本 12000 元，其中直接材料 9000 元、直接人工 2000 元、制造费用 1000 元)。

(2)职工福利费按应付工资的 14％计提。

(3)按应付工资比例计提社会保险费，比例为养老保险 14％、医疗保险 11.5％、失业保险 2％、生育保险 0.6％和工伤保险 0.8％。

(4)按应付工资比例计提住房公积金，计提的基数为企业上一年发给员工的平均工资，计提比例为 10％。

(5)按应付工资比例计提工会经费，计提比例的 2％，按受益对象分摊，而是统一计入管理费用。

(6)按应付工资比例计提职工教育经费，计提比例为 2.5％。

(7)机器设备预计使用 5 年，月折旧率为 2％，不考虑净残值。

3.有关项目计算比例

（1）该企业为一般纳税人，销售货物增值税税率为17％。

（2）企业所得税税率为25％（假设不考虑纳税调整项目）。

（3）城市维护建设税税率为7％，教育费附加征收率为3％（暂不考虑地方教育费附加）。

（4）按税后利润的10％提取法定盈余公积金，按税后利润的5％提取任意盈余公积金。

4.会计核算程序：科目汇总表

三、2016年10月发生的经济业务的原始凭证（略）

四、要求

四人小组完成公司2016年10月的记账凭证编制、账簿登记和报表的编制。项目时间为一个月。

（六）双师共导式

1.概念

双师共导式教学是以做中教、做中学为理念，利用校企双方各自的优势资源，由学校专业教师与企业技术专家共同确定教学目标，制订教学计划，携手进入课堂，协同组织教学，一起实施教学评价的一种教学模式。

2.意义

教师与专家在教学中担任不同的角色，并密切合作。双师共导式教学符合中职学生技能习得的阶段性特点，开展"双师共教""双师共评""双师共研""双师共产"，以综合技能课程开发为特色，使课程结构对接行业、课程内容对接专业实践、教学手段服务课程目标，有效缩短学生的岗位适应期，培养企业悦纳的员工。还有利于提升专业教师的专业技能，促使教师真正成长为既是教学专家，又是技能专家的双师型教师。

3.操作要领

以认知规律为基础，规划技能习得路线。将技能习得分成五个阶段六个层次：从生手到新手的技能启蒙阶段；从新手到熟手的技能熟练阶段；从熟手到能手的技能精细阶段；从能手到高手的技能创新阶段；从高手到创业的自主创业阶段。

五个阶段为：

（1）技能启蒙阶段：学习简单的技能，夯实技能基础。

（2）技能熟练阶段：在分步训练过程中，通过完成单一的任务提升技能的熟练度。

（3）技能精细阶段：在完成生产性仿真实训的过程中，熟悉操作流程，学会技能的综合运用，实现技能操作本能化。

（4）技能创新阶段：培养创新思维，提升发现问题、解决问题的能力，实现技能岗位化。

（5）自主创业阶段：通过完成创业项目，培养创业意识。

六个层次为：

（1）从生手到新手：技能启蒙阶段——单师教学。

生手是指不了解某工作技能，不清楚该工作的操作流程的人；新手是指了解某工作的技能特点，能在教师指导下分步完成单项技能任务的人。从生手到新手是一个入门过程，因此该阶段中，学校教师根据阶段培养目标进行技能基础教学，旨在引导学生了解专业特点，激发学生专业兴趣，并夯实学生的技能基础，为今后的进一步提升做好准备。教学任务是认识、填制与审核原始凭证。

（2）从新手到熟手：技能熟练阶段——双师共教。

熟手是指对某工作技能操作流程熟悉，能熟练地、独立地完成单项操作任务，并具有一定的操作效率的人。教学任务是根据原始凭证填制记账凭证。该阶段的技能学习特点是模仿与训练。

学生从新手到熟手的过程中，仅仅靠反复单调的训练，提升速度较慢，特别是会计教材滞后于准则、税法的规定，学校学习与行业操作不匹配。因此本阶段的双师共教是指行业专家积极介入教学，引进行业最新的操作规范，并与学校教师一起研究和调整教学内容，改进教学策略，教给学生提升技能的技巧和方法。

（3）从熟手到能手：技能精细阶段——双师共导。

学生熟悉整个岗位领域及工作流程，能熟练地、综合地运用所学到的技能与知识，独立地完成一个综合性的项目。在师傅的带领下体验代理记账工作。该阶段的技能学习特点是运用。

从熟手到能手是技能精细化、实践化的过程。学生往往需要通过完成仿真的（或真实的）账务处理任务，熟悉未来岗位的工作流程、团队分工，发现技能学习中的问题。因此，本阶段的双师共导表现在行业专家提出核算任务，学校教师根据学情、教学目标、教学条件将其转化为教学任务，教师与专家共同制订教学目标、评价内容、评价方法，并指导生产、调整教学、共同评价。

（4）从能手到高手：技能创新阶段——双师共研。

教学内容的改变、教学载体的改变，最终将影响专业课程的改变。为了使专业课程能跟上行业升级的速度，学校教师与行业专家共同研发双师校本课程。

学校专业教师与企业技术专家共同组织的共导模式中，两者分别承担理论导师和技能导师角色，并在教学过程中实现两个导师身份的契合，最终相互转化，合二为一，实现岗位化教学目标。学校专业教师与企业技术专家共同组织的共导模式一般由学校教师完成其中的理论基础部分，由企业技术专家提供经验支持。但是又不拘泥于此，可根据不同的教学内容加以调整。学校专业教师在听取企业技术专家建议的基础上，制订符合学生特点和先阶段能力的教学目标和教学内容及流程。在授课的过程中，将理论知识和实践操作交叉进行，教师进行其中理论知识部分的教学，而企业技术专家指导实践操作，由双方共同总结和点评。理论知识的总结主要由教师来完成，企业技术专家进行重复、强调和提升。实践操作部分的总结由企业技术专家来完成，最后由教师布置作业、结束课堂，并完成反馈与评价。

（5）从高手到创业：自主创业阶段——双师共创。

从某种程度来说，创业是对学生综合技能的全面检验。以学生工作室为载体，以市场反馈为评价，学生团队运用所学知识与技能，从模拟创业到实践创业，实现技能提升和跨越。

针对这一阶段的特点，在双师共创的过程中，行业专家侧重引进创业项目，提供创业经验，为学生团队创业铺路，排忧解难；专业教师侧重吸收创业经验，并将其专业转化成创业教学内容，从而指导创业。在和创业导师一起完成项目的过程中，教师获得了创业的经验性知识，弥补了原有知识体系的不足，经过不同创业项目的轮回指导与实践，专业教师最终成为创业导师。在完成项目经理布置的创业任务的同时，学生获得了新的创业知识与创业技能。随着创业项目的不断引进，学生在丰富的实践活动中，不断建构新的知识和掌握新的技能，学生自主创业的意识和能力也不断得到增强和提高。

4.教学流程

双师共导式教学的流程如表7-8所示。

表 7-8　双师共导式教学流程

序号	流程	内容
1	在线课堂预新知	课前学生在平台上观看微课师傅操作的视频,完成在线学习测试。本环节为课堂学习奠定基础,大数据分析便于教师掌握学生的学习情况。
2	情境体验接任务	课堂上教师对学生的课前学习进行反馈。播放某公司的经营活动视频,抛出学习任务:分析相关经济业务,行业专家给出思考建议。根据真实案例抛出任务,行业专家给出建议,激发学生的学习兴趣与期待。
3	任务分析学技能	学生以团队为单位进行讨论,并分析经济业务,引发头脑风暴,总结出会计分录"三要素":会计科目、记账方向、记账金额。 在分析过程中,若有疑问,学生可通过三种途径获得帮助:请教现场教师;咨询在场专家;在资源库中查找相关资料。
4	专家评价思改进	专家出示行业标准。运用标准进行评价,包括小组自评和互评。获胜小组分享经验。专家进行现场点评,给出改进建议,账务处理不合格的小组进行修正。 本环节进行在线专家评价,对接行业标准,提升学生解决问题的能力。

(七)学案导学式

1.概念

学案导学式教学是指以学案为载体,以导学为方法,以教师的指导为主导,以学生的自主学习为主体,师生合作完成教学任务的一种教学模式。

2.意义

这种教学模式一方面满足了高中学生思维发展的需要,另一方面又满足了高中学生自我意识发展的需要,对学生的自我发展和自我价值的体现有十分积极的作用。而教师则不只是传授知识,更重要的是培养学生的自学能力、自学习惯,教会他们怎样学习、怎样思考,提高学生分析问题、解决问题的能力。

3.操作要领

怎样的学案才高效合理呢?该教学模式成功的关键在于学案设计,一个完整的学案应包括学习指南、学习资源包、学习任务、学习检测、学习评价、学习反思六个方面的内容,如图 7-3 所示。

(1)学习指南:主要揭示某课学习的主题,明确学习目标,以及提供一些学法上的指导(学习建议),该部分内容设计要简洁明了,直截了当,指明学习任务。

(2)学习资源:包括电子积木等实训器材和其他信息化资源,它们是支撑学生学习不可缺少的条件。

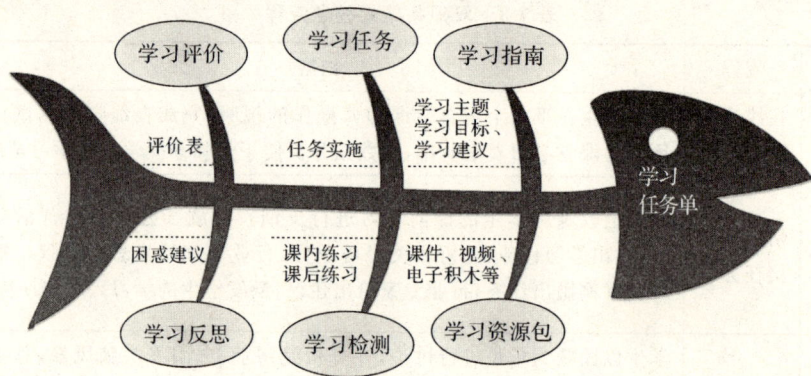

图 7-3　学案设计

（3）学习任务：该部分内容安排整体上决定了学习走向：如何将知识点、技能点有序、合理地呈现给学生，如何突出重点、突破难点，如何组织学生进行学习等。它是学习任务单的核心部分，它的设计要求条理清晰有序，问题新颖有趣，任务分层有效。要多设计应用型、探究型任务，少设计验证型任务，确保课堂任务更加有趣、有用、有效。

（4）学习检测：检测是学习中的重要一环，根据课堂的学习情况将检测安排在课内或课后环节，检测包括理论和技能两部分内容，尽量一课一检测。该部分内容设计要规范、合理。

（5）学习评价：提供过程性评价表让学生对自己的学习情况做一次直观、客观的评价。实行过程性学习评价无论是对老师来说，还是对学生来说，远都比以一次测试决定胜败、评定优劣客观公正。它能记录学生发展的点滴，用良好的记录和成功的喜悦推动学生的发展，让学生在良好的氛围中不断前进。它促使学生把最好的表现保留下来；促使家长更具体地关心学生的学习，加强与学生、老师的沟通；也促使老师不断改进教学方式和方法，检查自己在教学中的漏洞。

（6）学习反思："学而不思则罔"，反思更能让学生成长。要鼓励他们在学习结束时及时反思课堂中产生的疑问，提出自己的学习看法和建议。

4.课堂流程

学案导学式教学的过程如表 7-9 所示。

表 7-9　学案导学式教学流程

序号	流程	具体内容
1	自主学习	①独学:学生独立自学思考,研读文本,完成学案;②质疑:提出包括非学案内容在内的疑难问题和独到发现。(课前)
2	合作探究	①结对学:学生结对相互检查学案完成情况,发现问题,并相互启发,解决部分问题;②群学:学习小组内展示、交流、提交问题后,班内展示、交流、解决问题。(课堂约 20 分钟)
3	评价提升	①评价:教师引导学生对展示、交流情况进行点评和总结,帮助学生掌握规律性、思想性、本质性的内容;②完善:学生整理学习笔记,形成知识网络。(课堂约 10 分钟)
4	达标拓展	①完成达标练习("套餐";当堂反馈;约 10 分钟),检测当堂教学效果;②拓展:课外练习("套餐";全批);学生自主选择、完成拓展性练习("自助餐";自评)。(课堂至课后)

案例在线

"错账更正方法"教案

学校教师	西湖职高	姓名	严水荷	学科	基础会计
授课专业	会计	计划课时		1	
教学内容	错账更正的方法	授课类型		操作课	
教材分析	所选教材:张玉森、陈伟清主编的《基础会计》第 4 版,高等教育出版社 2011 年出版。 教学内容分析:本课是第五章"登记账簿"第四节里的内容,主要介绍划线更正法、补充登记法和红字更正法的适用范围及具体操作方法。 教材处理:由于红字更正法难度较大,特将授课顺序调整为划线更正法、补充登记法、红字更正法,以符合学生由浅入深、由简到繁的思维模式。				
学情分析	教学对象为中等职业学校会计专业高一年级的学生。到目前为止,学生已初步学会了填制凭证和登记账簿,但在实际操作上还不够熟练、规范。学生感知能力较强,对身边的事物容易产生好奇感,喜欢实训课及有声有色的教学方式。因此在教学过程中要充分利用这一点为学生创设问题情境,让学生去探索、去思考、去动手,激发学生的学习热情,提高教学效果,达到教学目标。				

续表

教学目标 及要求	知识目标： (1) 正确认识与分析错账的类型； (2) 理解每种更正方法的适用范围； (3) 掌握各种方法的具体操作步骤。
	能力目标： (1) 培养学生的动手操作能力，能进行错账的规范更正； (2) 通过发现错账—分析错账类型—选择适当方法—更正错账的程序，培养学生发现问题、分析问题、解决问题、归纳问题的能力。
	情感目标： (1) 培养学生严谨、细致、规范的职业习惯及团结协作的团队精神； (2) 使学生在师生互动、生生互动的学习氛围中获得成功的喜悦和发现学习的乐趣。
教学重点	选择合适的更正方法及各种错账更正操作。
教学难点	红字更正法的适用范围及具体操作。
教学方法	创设情境教学法、案例演示法、训练法、对比归纳法等。
学习方法	学案导学式，自主探究学习，交流合作实践。
教具准备	实物投影仪，学生账簿作业中收集到的一些错误的凭证、账页。
教学过程 设计思路	正如意大利教育家蒙特梭利所说："我听过了，就忘记了；我看过了，就记住了；我做过了，就理解了。"听得再多，不如自己看一看，看得再多，不如自己动手做一做。本节课以学生自己账簿记录中的真实错账为学习材料，使学生在极高的兴趣驱使下，进行充分的思考分析、发表观点、交流合作等。学生是学习的主人，而老师是引导者、组织者。

	教学过程			
教学环节	教学内容	教师活动	学生活动	设计意图
错账大盘点	由此创设问题情境引出课题:在登记账簿的过程中会发生哪些错误?如何分析归类?错账该怎么更正?	展示错账: (1)错账1:银行存款; (2)错账2:原材料账; (3)错账3:转20号; (4)错账4:转2号金额多记; (5)错账5:转5号科目用错; (6)错账6:银收2号。	观察、分析、思考: (1)银行存款账上金额3510错记为900510; (2)原材料12月19日、30日、31日的余额连锁错误为18500、17000、11000; (3)凭证金额600000错记为6000; (4)购买材料的原材料15000错写成150000,应付账款17550错写成152550; (5)领用材料,科目用错; (6)科目金额混合错误。	学生通过对自己做错账的分析更能激发学习兴趣,更能明确本节课的学习目标。
错账问题诊断	错账的类型: (1)记账凭证正确而账簿登记错误; (2)记账凭证方向、科目正确,金额少记,账簿登记错误; (3)记账凭证方向、科目正确,金额多记,账簿登记错误; (4)记账凭证科目、方向错误,账簿登记错误。	针对6个错账逐一进行诊断。 提出问题:账错在哪里?引导学生对错账问题进行归类。	错账的情况分析归纳: (1)记账凭证正确、账簿记录错误; (2)记账凭证金额少记、账簿记录错误; (3)记账凭证金额多记、账簿记录错误; (4)记账凭证方向或科目错误、账簿记录错误; (5)混合错误。	培养学生发现问题、归纳问题的能力,及团结协作的工作精神。 对错账进行科学分类。

续表

教学环节	教学内容	教师活动	学生活动	设计意图
选择更正错账方法	错账更正的方法： (1)划线更正法。 适用于记账凭证正确而账簿登记错误的情况。 (2)补充更正法。 适用于记账凭证科目正确，由金额少记而引发的错账。 (3)红字更正法。 适用于： ①记账凭证的方向、科目正确，由金额多记而引发的错账； ②记账凭证的方向、科目错误而引发的错账。 ③混合错误。	(1)说清楚：错账更正要视错账情况选择不同的方法更正。问题较浅的，只发生在账簿一个部位的错误，用画线更正法。问题较深的，发生在记账凭证及账簿两个部位的错误，必须对两个部位进行更正，记账凭证错误是不能画线更正的，因为已记了账不可以作废重填了。 (2)引导学生对6个错账进行分析并选择合适的更正方法。	(1)对6个错账进行观察，深入分析讨论，由轻到重排序。 问题最轻的是：只有账错，凭证没错。 其次是记账凭证方向、科目都正确，金额少记。 再次是记账凭证方向、科目都正确，金额多记。 第四是记账凭证方向或科目有误。 最严重的是混合错误。 (2)选择适合的更正方法。 ①错账1、错账2应用画线更正法； ②错账3应用补充更正法； ③错账4、错账5、错账6应用红字冲销法。	培养学生的观察能力、学习能力。 选择正确的方法更正错账，掌握错账更正的方法。正确使用红字（表示减去）、蓝黑字（表示加上）。
更正错账	(1)划线更正法。 ①在错误的文字或数字(整个数字)上画一道红线表示注销； ②在其上面写上正确的文字或数字； ③由经办人在更正处签章。 (2)补充更正法。 按照少记的金额补填一张记账凭证并据以登记入账。	巡视，适当参与部分小组的讨论，并帮助有困难的学生。 注意： (1)划线更正法只能用于结账前。 (2)补充更正法和红字更正法可以用于结账前与结账后。	观察、分析、思考、讨论、动手实践。 记账凭证中金额多记与科目方向错账均用红字更正法更正，一般来说金额用红字就可以了，但是教材上作了区分(99页与101页)。对于科目方向错误,"三要素"均用红字;对于金额多记,金额用红字即可。我们还按课本要求，更正时也进行了区分。	使学生加深理解，培养动手能力。

教学环节	教学内容	教师活动	学生活动	设计意图
更正错账	(3)红字更正法。 ①若只是金额多记，则将多记的金额用红字填制一张与原凭证相同的记账凭证并登记入账。 ②由记账凭证的方向、科目错误或混合错误而引发的错账分两步：用红字填一张与原错误凭证内容完全相同的记账凭证并据以入账，以示冲销；用蓝字重新填一张内容正确的记账凭证并登记入账。			
归纳总结	口诀助记： 证对账错最简单，画线更正并盖章； 证错账错需注意，科目方向全正确； 少记金额蓝字补，多记金额红字冲； 科目方向出错误，先冲后填证两张。	利用课件出示对照表，以此作出总结，并展示助记口诀。	回忆、思考、口头归纳。理解、记录并记忆。	使学生感受到成功的喜悦，完善学生的知识体系，培养学生总结归纳的能力。
布置作业	布置作业	(1)对课上下发的每一个错账进行规范更正。 (2)对自己漏记的账进行补记。	记录作业	使学生更好地掌握知识。

板书设计

错账更正方法

错误原因		方法名称	操作步骤	
记账凭证正确,账簿登记错误		画线更正法	直接更正	
记账凭证错误,导致记账错误	凭证中金额少记	补充更正法	一步	
	凭证中金额多记	红字更正法	一步	
	凭证中科目错误	红字更正法	两步	
	凭证中方向错误	红字更正法	两步	
	混合错误	红字更正法	两步	

"错账更正方法"学案

第一环节:错账大盘点——有病就医。

错账编号	记账人员	错账情况记录
1	沈燕婷	
2	舒昊歌	
3	苏敏仪	
4	孙彤瑶	
5	平梓逸	
6	方　沁	

第二环节:错账归类——病情诊断。

错账编号	记账人员	错账类型	错账更正方法
1	沈燕婷		
2	舒昊歌		
3	苏敏仪		
4	孙彤瑶		
5	平梓逸		
6	方　沁		

第三环节:选择更正错账方法——确立医治方案。

错账编号	记账人员	错账类型	错账更正方法
1	沈燕婷		
2	舒昊歌		
3	苏敏仪		
4	孙彤瑶		
5	平梓逸		
6	方　沁		

第四环节:更正错账训练——现场治疗。

第五环节:口诀归纳。

(八)角色体验式

1.概念

角色体验式教学指的是让学生参与到实际工作中,感受工作职责、规范的教学模式。

2.意义

会计专业学生的就业方向有出纳、会计、审计等。会计专业的核心技能是会计实务。在实训过程中,大致有原始凭证的填制与审核、记账凭证的填制与审核、账簿的登记、报表的编制等环节,这些环节对应不同的工作角色。最难的是记账凭证的填制与审核。在实训前期,教师要安排角色体验式课堂,让学生轮流分批去体验各项工作,深入了解每块工作的重要性和工作标准,让操作能力得到全面提升,再带领技能进阶的学生到企业实习,安排在财务人员岗位上,实地感受每个财务的工作职责。

3.操作要领

(1)与企业合作:最好是引财务公司进驻学校,学生到财务公司在师傅的指导下进行岗位操作。

(2)技能标准进阶。根据中职生技能习得的规律以及会计专业技能培养目标和培养周期的特点,将技能习得阶段分别定义为新手阶段(塔基)、熟手阶段(塔中)和能手阶段(塔尖),并制订各阶段的评价标准和相应的课程内容,采用相应的体验方式,创设相应的学习情境。学生每完成一个阶段的学习,通过相应的考核,自动进入下一阶段。

（3）塔形阶梯学习。实训课堂中学习进步较快、操作晋级较快的学生可以进入提升型技能社团。进入熟手阶段的学生，在社团老师的带领下，到财务公司帮忙完成单项技能实践任务，同时在财务公司进行真账操作学习。通过双师考评后进入能手阶段的学生，利用集中的时间到财务公司进行师傅指导下的会计核算。

（4）确定技能成长路线，设计技能进阶标准。将技能习得分为三个阶段：新手的技能熟练阶段，在分步训练中，夯实基础技能，达到技能自动化；熟手的技能规范阶段，在完成实训的过程中，熟悉核算流程，学会技能的综合运用，培养会计思维；能手的职业化阶段，通过参与账务处理，或者完成创业项目，培养发现问题、解决问题的能力，形成工作思维和理财意识。

（5）轮换制度的执行。角色体验式教学的一大难点就是轮换制度的执行。若不轮换，学生体验的角色有限，所学内容也有限，达不到目的。若毫无规则地轮换，则课堂管理秩序混乱，达不到理想的效果。因此轮换制度的设立、执行是必不可少的。轮换有多种方式，可一次实训课内（4课时）体验5个角色，轮换较为频繁，但效果明显；也可一次实训课体验一个角色，总共5次实训课体验5个工作，轮换方便，但周期较长，学生会感觉乏味无趣。

除了企业学习之外，还可以在校内进行创业体验活动，开展财商教育，培养学生认识金钱和驾驭金钱的能力。对中职会计专业的学生进行财商教育很重要。让学生在接受了系统的财商教育之后，建立实现财务自由的愿景，产生创新创业的强烈愿望，由此促使他们走向创业实践的舞台。在创业的角色体验中，学生会有不同的收获，甚至其心智模式可以得到改变，建立新的人生追求。

我的学生钟华初中毕业后看着要好的同学都进了普高，而自己却进了职高，感觉自己的人生梦想破灭了，自信心受到了严重的打击。入学后整日吃喝玩乐，对上课提不起兴致。

可是在实践活动中的她却完全是另一个人，很有想法，动手能力很强。她担任实践基地"西职服务社"第一期社长，通过参加组建团队、市场调查、供应商寻找、人员分工、钱账物管理等一系列的工作后她发现，自己很有组织和实践能力，"简直不敢相信这些事是我做的。"她说。在社长岗位上的实践让她感受到了自己存在的意义。心门被打开后，钟华整个人的状态变得非常积极，信心满满，走路、说话、做事节奏都变快了，一副风风火火的样子，与进校时的状态相比可以说是天壤之别。同学们都高兴地称她为"奋斗士"。她说将来要去创业，现在要在学校多学习各方面的知识,提高自己的综合能力。

4.课堂流程

角色体验式教学流程如表 7-10 所示。

表 7-10　角色体验式教学流程

序号	流程	具体要求
1	课前准备	在体验前学生已具备相应条件。在内容储备上,学生已经对基本技能有了一定的了解,大致明确了各个角色的工作任务和要求;在组织分配上,已合理分组,明确分工和轮换制度,组员能扬长避短,团结合作。
2	布置任务	教师布置工作任务,以及各个角色的工作职责,解读各个环节的考核标准。
3	首岗体验	教师安排组内成员的首轮工作,分配给指导师傅。
4	角色轮换	规定时间结束后,立马更换位置,角色转换。保证每个学生都能亲身体验各环节的工作。
5	代表发言	体验活动结束后,安排学生发言,总结每个角色的特点和注意事项,对他人和自己的作品进行客观评价;安排技能助手发言,对角色体验中的典型问题作特别说明;教师在体验活动中捕捉一些特别的场景,并通过多媒体设备加以呈现,及时评价、及时反馈。

案例在线

活动体验:学生制订创业计划

项目名称:西职服务社创业计划书。

经营范围:师生文印业务、用品销售(学习用品、生活用品)。

项目宗旨:竭诚为全校师生提供满意的服务。

一、项目背景

本项目面向全校师生,学生是可观的消费群体。在当下信息化社会背景下,学生对于复印、打印文件的需求较大,教学时间外出可能性较小,而且目前在学校周边也没有相关的商圈。因此在校园内开展师生文印业务是非常可行的。

二、项目选址

校门口。

三、业务范围

主营：提供文印服务(黑白、彩色)、扫描。

兼营：销售学习用品、生活用品。

四、设备投入

电脑1台、打印复印一体机1台、办公桌3张、货柜1组、店铺招牌、价目表、宣传海报、宣传单、清洁打扫工具若干。

未尽事项日后进行补充。

五、人员安排

以高二实习班学生为主,高一会计班学生为辅。

负责人：负责综合协调支配各个成员的工作,配合学校卫生等检查工作。

会计：管理好项目的账目。

出纳：现金、银行存款管理。

销售：管理销售清单。

采购：管理采购清单。

打印：管理打印清单。

六、实施计划

(1)文印业务主要包括复印或打印学生的试卷、文件、身份证等。同时为师生提供网上冲印服务。师生可以通过电子邮件发送文件到服务社邮箱,也可通过QQ、微信发给服务社,并注明姓名、班级、联系方式、需要的时间等信息,这样省去了中间打印环节,加速了占领市场的步伐。

(2)销售主要采用代销交易方式。首先,由学生进行市场调查,了解本校师生在学习用品上的需求;其次,寻找市场上的供应商并进行沟通;最后,确定代销方案。在代销方式下可以不占用资金,不会产生积压货物的现象。

七、财务规划

1.定价

目前转塘附近的文印店收费为A4普通复印0.5元/面,打印1元/面。我们现暂定A4普通复印为0.5元/面,打印1元/面,量大可以适当优惠。

价目表（初稿）

类型		A4 价格	A3 价格
黑白印	打印	1 元/面	1 元/面
	单张复印	0.5 元/面	1 元/面
	证件复印	0.5 元/面	1 元/面
	书本复印	0.5 元/面	0.5 元/面
彩印	复印	1 元/面	1 元/面
	打印	1 元/面	2 元/面

2.成本

打印复印一体机大约需 650 元；打印复印纸 0.03 元/张；前期宣传费用 1000 元。

3.收益分配

利润的 10％上交学校，90％归创业团队。

八、营销策略

（1）提高知名度，做好广告宣传。可以通过制造广告宣传板或通过发放传单进行校内宣传。在前期这是非常重要的一项工作。

（2）实行会员制。校园内实行会员制，并且对会员实行积分制，量大的打印业务可享受打折优惠，年终可获得赠送的小礼品等。

（3）实行网上打印，只要将要打印的资料发送到邮箱、微信或 QQ，我们就会按时打印，收货时再付款。

（4）口碑相传其实是节约营销成本最好的方法，所以除了价格取胜外，还要有良好的服务，这样才能更快地树立良好的形象。

（九）游戏模拟式

1.概念

游戏模拟式教学是针对当代学生的心理特点，借助具有一定趣味性、竞争性、专业性的游戏平台，在游戏活动中对专业技能和知识进行模拟综合实践，引导学生探求解决实践问题的教学模式。

会计专业常用的游戏有三种。

（1）现金流游戏。学生随机扮演医生、经理等不同的角色，职业不同，收入、支出和可支配的现金不同。每一轮游戏中,学生都会面临不同的机遇和挑战。在老师指导下,他们反复演练游戏,模拟从就业到创业的人生历程,尝试投资创业,探求实现财务自由的规律。

(2)网络虚拟营销游戏。借助"营销之道"平台,让学生体验营销实景。系统运用计算机软件与网络技术,对宏观环境、行业特性、消费者特征及购买行为、市场竞争进行仿真模拟,构建真实的市场,完整模拟企业的竞争与营销环境,让学生在实践中学习营销管理知识,在真实体验中提升营销管理技能。在这种全新的商业模拟课程中,学生在教师的指导下,通过参与实践训练,大大提升了学习效果,加深和巩固了对所学营销知识的理解与掌握。学生将分组组建企业,并担任企业的营销负责人,体验并运用市场营销环境分析、市场调研、市场需求分析、产品定位、市场细分、营销组合、营销计划执行与控制等营销管理技能,在市场竞争中努力战胜竞争对手,不断提升市场占有率,为公司创造最大的效益。通过在实战中学习和运用各种营销工具,学生能够提升分析问题与解决问题的能力,提升综合素质。

(3)沙盘仿真游戏。主要是构建仿真的企业环境,模拟真实企业的生产经营活动,并将实物沙盘和 ERP 管理软件相结合。在实验过程中,让学生直接利用 ERP 管理软件对模拟企业的全部经营活动进行全面管理和控制,利用 ERP 管理软件将模拟企业生产经营活动的全部经济业务融为一体,实现动态管理、实时控制,实现财务、业务一体化,实现信息流、物流和资金流的协调统一,并分析利用三张表(现金流量表、利润表、资产负债表)。

2.意义

在各种虚拟活动中,教师始终秉承学生是课堂的主人的教学理念。学生或在游戏模拟中体验、交流,或在游戏后反思、感悟,必然能解决一些实践问题。教师则退到幕后,扮演导演、导师和主持人的角色。以学生为主体,以教师为主导,游戏模拟式教学颠覆了传统教学模式,使课堂成为贴近实战的"沙场",有效改善了课堂生态,提高了课堂效率。游戏模拟,让学生在不断试错中领悟会计思维和财商能力的真谛。

今后企业需要的不再是那些只会点钞、出纳、记账的人,而是需要会理财,能够让钱增值的财经专业人才。学校要教给学生的不只是技能,更重要的是培养学生的财经意识和理财能力,开发学生的财商。会计专业尤其要形成以财商教育为核心的专业建设思路,将会计专业职校生的财商教育作为一个整体、动态、发展的教育过程,在会计专业建设的目标、内容、方法、评价四大要素中融入财商教育元素,整合学校、家庭、社会三个方面的教育资源,开展专业内和专业外两个方面的教育实践活动,通过理论构建和实践概括,构建会计专业职校生的财商教育体系,帮助会计专业职校生树立科学的理财观,掌握必备的理财技能。

现金流游戏、网络虚拟营销、沙盘仿真经营三种虚拟游戏能对建立学生的学习兴趣,培养他们的会计思维、理财思维起到非常好的促进作用。

通过游戏活动在学生心中种下创新创业的种子,培养学生的财经知识、财经意识和理财能力,帮助学生树立实现财务自由的愿景,鼓励学生创新创业。培养学生创业的基本技能,为将来成功创业奠定基础。

3. 操作要领

(1)选择适合的软件。选择的软件必须与教学的内容紧密吻合,能够圆满地达到预期的教学目标。选择有实力的公司的产品及完善的售后服务,当使用软件遇到技术上的问题时可以得到及时解决。更为重要的是大公司对其产品一般都承诺提供售后升级服务,这对于学校来说无形之中提高了教学软件的附加值。

如"创业之星"是一款创业模拟软件,学生端可以通过该软件实现模拟创业,从而真正地将理论运用到实践当中。软件拥有背景资料、数据规则、实时状态、经营决策、数据分析等信息,可以从该软件学到创业的精髓。在"创业之星"游戏活动中,每个小组需要作出众多的经营决策,使创业企业能够逐步成长壮大。这些经营决策涉及企业的战略、营销、财务、生产、研发等各个方面,有利于发挥学生的团队合作、沟通、执行等方面的能力。

(2)教师对软件的操作和控制。教师要充分掌握软件的功能,熟练应用和控制学生端。如通过屏幕广播、远程遥控、屏幕监视、屏幕日志、声音广播、屏幕录像、屏幕回放、网上聊天、锁定电脑等进行课堂管理。

(3)学生助手培训。学生助手可以为同学及时指出解决问题的办法,解决由于老师忙不过来而造成的课堂效率低下的问题,避免学生由于问题得不到及时解决而气馁的情况发生。学生助手培训可以通过社团的形式进行。

4. 操作流程

游戏模拟式教学的流程如表 7-11 所示。

表 7-11   游戏模拟式教学流程

序号	流程	具体要求
1	课前培训	教师为组长提供助手讲义,除了预先向助手传授教学内容、相关知识与技能外,还要对他们进行课堂管理和指导方法的培训。
2	规则学习	游戏规则是根据游戏目的提出的,它能在游戏中起组织、约束、调整学生的学习行为和相互关系的作用。让学生了解并利用游戏规则可以更好地激发学生对游戏的兴趣。
3	游戏体验	按预先分配的学习小组进行学习,组长组织小组阅读游戏规则、制订活动方案、开展活动体验、记录过程。
4	复盘	组内分析,这是提高学习能力的关键。
5	分享	各小组代表发言。

案例在线

学生比赛心得

学生陈诗荧,中考后进入西湖职高学习。原本她没有什么人生目标,但是在接触了现金流游戏以后,她对这种新奇好玩的教学方法产生了强烈兴趣。随后,她报名参加了学校的网络虚拟营销社团,学习模拟营销。2017 年,在省级技能比赛中,陈诗荧所在的队获得二等奖。

谈到比赛,有些腼腆的陈诗荧感触良多,她说:

"经过一个月左右的集中训练,我们在'浙江省创新创业网络虚拟比赛'中取得了二等奖的好成绩。在这一个多月的时间里,我们学会了很多,也收获了很多。

"从刚开始的一窍不通,到后来的熟能生巧,我成长了很多。这个比赛,是团队作战,既考验了自己的能力,也考验了我们的团队合作能力。上次的市赛结束后,我们进入了省赛。从寒假到开学,没有练习过几次,技能也生疏了不少。于是,我们在开学后的一个星期,就进行了强化训练。在这长达三个多星期的训练中,我们一边发现自己的不足,一边也在寻找最适合我们的一套方案。

"第一个星期,处于迷惘的状态。当时也不知对手的方案,不知谁强谁弱。在比完之后,也不懂得去分析。一直到有指导老师来教我们,才打破了我们这迷迷糊糊的状态。让我们懂得了只有分析对手、对比自己,才能够更好地让自己进步。于是第二个星期,我们进步了,但同时又有了新的问题,我们不会在发现问题后及时改正,而是放在那里错下去。之后指导老师教我们解决问题的方法,让我们改变方案的重心,也终于让我明白这个游戏是这样玩的。

"在那之后,我们在老师的指导下,状态很不错,每一次的网赛成绩都保持在同方案的第一名。可能是当时对自己太过于放心,在临近省赛的那一个星期,状态十分差,每一场比赛都在无所谓中度过,毫无比赛前的紧张感。原本心中'保二争一'的信心也全无。

"直到比赛的前一天,到嘉兴的现场抽签时,才有那么一点紧张。然而偏偏当时的运气不大好,抽到了被认为是'死亡之组'的签。回到酒店后,心情还难以平复。老师可能是看出了我们的状态不好,在赛前给我们打了一针'强心剂'。当天晚上就有了信心,也不再害怕。只要我们能够尽自己最大的努力做到最好,就可以了。

"比赛的氛围虽说不怎么紧张,但我们自始至终都在认真对待。比赛过程中,我们的状态都挺好的,打到最后一个季度时,心中变得更加紧张,不知道这最后一个季度能够提升多少名次。

"成绩出来了,第七名。拿了二等奖。当时心中虽有点遗憾,但也是不错的成绩。老师也为我们开心。

"在比赛中,最重要的是要摆正自己的心态,状态要好。成功者的成功不是偶然的,没有成绩的人往往是因为没有足够的付出。人要是安于现状,居安不思危,缺乏忧患意识,没有危机感,就很难成事。做事要勤奋,要持之以恒,有句话叫'早起的鸟儿有虫吃'。做事情三分钟热度也不行,事办了两天没什么成绩就放弃了,也是没结果的。贵在坚持,难在坚持,成在坚持。

"比赛完之后,我更加认真地学习专业知识。知识就是力量,知识是你赖以生存的基础。巩固老知识,吸收新知识,温故而知新,才能让学习永无止境。"

(十)问题探究式

1.概念

问题探究式教学是以解决问题为中心,以探究为灵魂,以培养能力为目的的教学模式。教学中,问题的探究贯穿于教学始终。教师引导学生发现问题、提出问题、探究问题、解决问题。

2.意义

传统教学中,教师专注于讲,学生疲于听,中职学生习惯于被动学习,习惯

"满堂灌"的课堂。长此以往,学生缺乏质疑、探究、思辨的能力,也慢慢对会计专业的理论知识失去了学习兴趣。因此需要打破这种"沉默",让学生在课堂上主动发声、发力。因此,在学习新内容时,教师可预设一系列问题和流程,开展问题探究式教学,让学生主动地去解开课堂谜团、学习知识,锻炼学生思考、探究、讨论等方面的能力。

3. 教学要领

应建立一个民主宽容的教学环境,充分发挥学生的思维能力。教师要掌握学生的认知特点,以便实施合适的教学策略。

(1)课堂环境的营造。根据最近发展区学习理论,用学生喜闻乐见或略有耳闻的某种现象作为课堂的导入。因此,教师需要一定的专业能力,能将生活中的所见所闻投影到课堂上。可通过互联网、书籍、他人口述搜集资料,还原知识本身,设计或制作对应的模拟实训,给学生以直观感受,营造新、奇、趣的课堂氛围。

(2)核心问题的设计。问题是本类教学成功与否的关键,是学习的起点,也是选择知识的重要依据;问题是学习活动的开端,是贯穿学习过程的主线,更是学习活动的归宿,一切学习活动围绕问题而展开;问题是学习活动的导引。那如何进行问题设计呢? 根据问题的普遍性,可以尝试从"是何? 如何? 为何? 若何? 源何?"这五个层次出发进行问题的设计。

(3)组织管理的设计。分组多种多样,可按竞赛激趣式教学的分组形式来分组。该类教学模式一般用于学习理论新知识,授课地点往往在教室,而非实训室。因此可简化分组流程,按就近原则将学生分为 2 人一组或 4 人一组等。若实训器材足够,则组员人数应尽量少,以保证人人有事可做,人人有事能做。

4. 教学流程

问题探究式教学流程如表 7-12 所示。

表 7-12　问题探究式教学流程

序号	流程	具体内容
1	创设情境、引发兴趣	教师运用多种策略,为学生创设一个富有情趣的生活情境,以引发学生的学习动机,激发学生的学习兴趣,诱发学生的学习内驱力。
2	确定问题、自主学习	设疑阶段,结合学习内容和学生的认知水平,利用网络、书籍等搜集跟所学内容相关的信息和资讯,尽可能打造新、奇、趣的直观体验,营造一个公司环境,激发学生的学习兴趣和探究兴趣。 先给学生充足的时间,让学生带着问题自主学习探究,进而发现问题,提出解决策略。在这个环节中,应注意培养学生自主学习的能力,包括确定学习内容、获取相关信息、处理信息与资料的能力。 再让学生初步自行解决,以提高学生分析问题和解决问题的能力,发展学生的思维能力。 确定进一步探究的问题。
3	合作探究、解决问题	设置关键问题。教师作为学生学习的牵引绳,引导学生一探究竟,逐步揭开谜团,同时习得新知。这一环节根据需要,让学生以小组的形式围绕问题进行探究、讨论。让学生通过不同观点的碰撞、补充、完善、校正、分享等,在合作中理解并初步解决问题。 教师主要在关键处、难点处、易错处给予学生适当的点拨和引导,以使学生更准确、更全面、更深刻地理解问题,进而解决问题。
4	方法迁移、拓展提高	学以致用的过程。用得出的方法去解释问题,并举一反三。因此,这一环节中回答问题的形式设置也是十分关键的,形式上有轮答、共答或是抢答的方式。营造"山重水复疑无路,柳暗花明又一村"的感觉。

5.辅助系统

需要有一定的供学生探究学习的设备和相关资料。

6.教学效果

优点:能够培养学生的创新能力和思维能力,培养学生的民主与合作精神,培养学生自主学习的能力。

缺点:需要较好的教学支持系统,教学需要的时间比较长。

7.实施建议

在问题探究式教学中,教师一定要尊重学生的主体性,创设一个宽容、民主、平等的教学环境。教师要对那些打破常规的学生予以一定的鼓励,不要轻易地对学生说对或错,教师要以引导为主,切不可轻易告知学生探究的结果。

📖 **案例在线**

会计平衡公式

一、设计理念

(1)通过虚拟创业的情境教学,强化学生对企业产权构成的认识,使抽象概念形象化。

(2)营造轻松、活泼、互动的学习氛围,倡导自主、合作的探究学习方式。

二、教学背景分析

(1)学生学习情况分析:中职学生大多经济意识较强。专业基础课老师可以抓住这个特点,从创业出发来引课,从而调整学生的学习状态,激发学生的学习兴趣。

(2)教材分析:"基础会计"是财会专业的公共基础课,"基础会计"入门顺利对其他专业课的学习有事半功倍的作用,而"基础会计"又以会计要素及其平衡关系为重中之重。会计等式是深刻理解借贷记账法的依据,所以在教学中使学生轻松地入门,并正确理解会计要素及其关系尤为重要。

三、教学目标

知识目标:(1)能写会计恒等式。

(2)能说出经济业务变化的四种类型。

能力目标:能对简单的经济业务进行分析

情感目标:(1)体会企业经济业务,亲近专业。

(2)体验合作的团队精神。

四、教学难点、重点

经济业务发生不会影响等式的平衡。

五、教学过程

"会计平衡公式"教学过程如下表所示。

"会计平衡公式"教学过程

流程	教师活动	学生活动
创设情境、引发兴趣	同学们： (1)学校鼓励学生创业,给你们提供了很好的平台。 (2)让我们共同来创办一个公司好吗？	学生非常兴奋,学生发言……
	给公司取个名字吧。 (教师从学生发言内容中任选一个名称作为企业名称)	学生发言……
确定问题、自主学习	资金怎么来呢？	大家出资
	首先是学生出资,请学生看学习材料1,学生认缴出资情况。 其次是政府支持学生创业,提供无息贷款。学生阅读材料2:银行贷款50万元。 最后思考问题:全部筹资款项到位之后,新公司的资产有多少？负债有多少？所有者权益有多少？	(1)学生自主学习； (2)班里40个学生每人出资1万元,银行贷款50万元； (3)学生提出各种各样的问题:一共有多少出资额？……思考问题:筹资全部款项到位之后,新公司的资产、负债、所有者权益有多少？
合作探究、解决问题	$$90 = 50 + 40$$ $$\downarrow \quad\quad \downarrow \quad\quad \downarrow$$ (资产) = 负债 + 所有者权益 (资产)=(债权人权益)+(所有者权益) 把右边负债及所有者权益统称为权益。 资产＝权益	思考： (1)左边的"90万元"与右边的"50万元＋40万元"是同一资金还是不同资金？ (2)资产与负债和所有者权益是同一资金还是不同资金？
	(1)资产与权益是同一资金的两个方面,资产是资金的占用,权益是资金的来源。 (2)资产与权益之间存在着相互依存的关系。	体会依存的含义,即资产不能离开权益而存在,没有无资产的权益,也没有无权益的资产。
	阅读材料:现在公司成立了,要买机器,我们取出存款20万元买了机器设备。 请分析一下,资产发生了什么样的变化？ 90＋20－20＝90(万元) 资产中固定资产增加20万元,银行存款减少20万元,总额还是90万元,权益没有变化,仍旧是90万元。 资产内部有增有减,会计平衡公式不变。	思考:资产发生了什么样的变化？ 银行存款(资产)减少了20万元,机器(另一资产)增加了20万元。

续表

流程	教师活动	学生活动
合作探究、解决问题	资产内部有增有减。 资产＝权益	共同得出结论:资产＝权益。
	阅读材料:我们有了机器,接下来要买材料。 (1)购买材料 3 万元,未付款。 (2)付前欠购料款 3 万元。	讨论,发言: (1)购买材料 3 万元,未付款。 资产增加 3 万元,权益增加 3 万元:90＋3＝90＋3。 (2)支付前欠购料款 3 万元。 资产减 3 万元,权益减 3 万元:93－3＝93－3
	资产与权益同增,资产＝权益,平衡关系不变。 资产与权益同减,资产＝权益,平衡关系不变。	共同得出结论:资产＝权益。
方法迁移、拓展提高	(1)学生编案例。 学生讲,教师板书。 (2)同学们,请帮忙分析一下刚才几位同学遇到的经济业务,看看对会计平衡公式会有什么影响。	学生讨论、分析、归纳。 资产内部有增有减,平衡关系不变。 资产与权益同增,平衡关系不变。 资产与权益同减,平衡关系不变。 权益内部有增有减,平衡关系不变。
	资产内部有增有减,平衡关系不变。 资产与权益同增,平衡关系不变。 资产与权益同减,平衡关系不变。 权益内部有增有减,平衡关系不变。	学生记笔记: 经济业务的四种类型。
作业	(1)自拟自做 2 题。 (2)同学拟同桌做 1 题。 (3)练习册第 15 页。	

六、教后体会

　　通过创设虚拟环境,激发学生的学习热情,无意之中切入正题,在互动中不断调节气氛,层层深入,让学生知道企业每一笔资金都有来龙去脉,树立理财意识。通过对数据的处理和层层递进关系激活学生的思维，领会平衡式的客观性及静动态关系，达到理论联系实践，从实际中来，化抽象为具体，使学生掌握知识，并运用理论知识分析更高层的实际问题。

第八章　心理导向教学的评价机制

教育的本质,不是把篮子装满,而是把灯点亮。

——题记

教学评价是依据教学目标对教学过程及结果进行价值判断并为教学决策提供服务的活动,是对教学活动现实的或潜在的价值作出判断的过程。教学评价是研究教师的教和学生的学的过程。教学评价一般包括对教学过程中教师、学生、教学内容、教学方法手段、教学环境、教学管理诸因素的评价,但主要是对学生学习效果的评价和教师教学工作过程的评价。教学评价的两个核心环节是:对教师教学工作(教学设计、组织、实施等)的评价,即教师教学评估(包括课堂、课外);对学生学习效果的评价,即考试与测验。

心理学家马斯洛的需要层次理论认为,人的需要包括生理、安全、社交、尊重、自我实现等方面的需要,其中自我实现的需要是最高层次的需要,在寻求这种需要的满足的过程中,会激发出人的各种潜能。学生在学习中同样也有认识和解决问题的需要,自我发展和自我提高的需要,寻求依附对象的赞许和认可、避免失败的需要。根据需要层次理论,为了充分发挥反馈的促进作用,教师除了要对学生的学习成绩作评价外,还要对其在学习态度、主动性和合作性方面作适当的评价,对其学习结果除给出分数和等级外,适当增加具有针对性的评语。因此,评价体系也应从一元化评价转为多元化评价,通过多元化的评价经常性地满足学生自我实现的需要。

美国的马格罗拉认为,学习和动机是紧密联系着的,动机与学业成就的相关系数达 98%,即高的动机水平能取得高的学业成就,高的学业成就能提高动机水平。及时反馈与适当评价是培养与激发学习动机的有效途径,因此要将总结性评价转变为过程性评价,通过分段性的过程评价,给学生的学习情况以及时的肯定,让学生及时了解自己各阶段的学习成果,以加强其进一步学习的动机。学生知道自己各阶段的学习结果后既能看到自己的进步,提高学习热情,增强努力程度,又能发现自己的不足,激发上进心,争取取得更大的成绩。

西方国家职业教育目前所提倡的是能力本位教育(Competency Based Education,CBE),即理论知识服从于能力本位的教学目标。这种模式下学科理论的系统性、完整性和深度被弱化,实践教学和专业应用能力的培养被加强。因此评价要从重理论转为重技能操作。

根据上述理论,在评价中要采用多元化、过程性、实践性的分段评价方法,合理解释和利用考试的结果,降低理论知识的难度以减轻学生的心理压力,关注学生学习的过程与方法、情感、态度、价值观等方面的目标,重视专业操作技能的要求,关注关键能力,促进学生积极、全面发展,以最大限度地发挥评价功能。

一、评价的五大功能

(一)诊断功能

评价是通过对教学过程和结果进行分析,从而判断教学的质量和水平、成效和缺陷的过程。全面客观的评价工作不仅能估计学生的成绩在多大程度上实现了教学目标,而且能解释学生成绩不良的原因,是学校、社会、家庭原因还是个人原因。就学生个人来说,有智力因素影响和非智力因素影响两种原因,教师应通过严谨的科学诊断找出主要原因,以便为教学的决策和改进指明方向。

(二)激励功能

评价对教师和学生具有监督和控制作用,符合学生心理需求的评价对于教师的教和学生的学具有促进和强化作用。关注过程的评价更有利于发挥激励作用,比如在一定的限度内,经常记录和反馈学生的学习情况和绩效对学生的学习动机具有很大的激发作用,可以有效地推动课堂学习。这是因为较高的评价能给学生以心理上的满足和精神上的鼓舞,从而激励他们实现目标并激发他们向更高目标努力的积极性,而较低的评价则能催人沉思,激起师生奋进的情绪,起到推动和促进教学效果的作用。

(三)导向功能

教学是有目的、有计划的活动,而教学评价是检测教学目标的实现成效,并作出相应价值判断以求改进的过程,具有指挥棒的作用。通过评价的导向作用能使教学朝着特定的教学目标迈进。

(四)调控功能

实时的评价可以帮助教师及时了解自己的教学效果,并根据反馈的信息及时修改教学设计,调整教学行为;同时也能帮助学生及时知道自己对知识、技能的掌握状况,并根据反馈的信息调整学习计划,及时查漏补缺,通过师生双方共同努力高效达成教育教学目标。

(五)教学功能

评价本身也是一种教学活动。在评价活动中,让学生参与评价,学生的知识、技能都将获得长进,智力和品德也会有进步。

为了更好地发挥评价的五大功能,在评价主体上,应更加强调学生的自评;在评价类型上,应更加重视实施形成性评价;在评价方法上,应更多地采用相对评价法。

二、多元评价的原则

(一)客观性原则

客观性原则是指在进行教学评价时,从测量的标准和方法到评价者所持有的态度,特别是最终的评价结果,都应该符合客观实际,不能主观臆断或掺入个人情感。因为教学评价的目的在于给学生的学和教师的教以客观的价值判断。如果缺乏客观性,就失去了意义,由此会导致教学决策的错误。

(二)整体性原则

整体性原则是指在进行教学评价时,要对组成教学活动的各个方面作多角度、全方位的评价,而不能以点代面、一概而论。由于教学系统具有复杂性,教学任务多样化,因此往往从不同的方面反映出教学质量,表现为一个由多因素组成的综合体。因此,为了反映真实的教学效果,必须把定性评价和定量评价综合起来,使其相互参照,以求全面准确地评价客体的实际效果。但同时要把握主次,区分轻重,抓住主要矛盾,即决定教学质量的主导因素。

(三)指导性原则

指导性原则是指在进行教学评价时,不能就事论事,而是要把评价和指导结合起来,要对评价的结果进行认真分析,从不同的角度找出因果关系,确认产生的原因,并通过利用及时的、具体的,具有启发性的反馈信息,使学生明确今后的努力方向。

(四)科学性原则

科学性原则是指在进行教学评价时,要从教与学相统一的角度出发,以教学目标体系为依据,确定合理的、统一的评价标准,认真编制、预试、修订评价工具;在此基础上,使用先进的测量手段和统计方法,依据科学的评价程序和方法,对获得的各种数据进行严格的处理,而不是依靠经验和直觉进行主观判断。

(五)发展性原则

教学评价是鼓励师生、促进教学的手段,因此教学评价应着眼于学生的学习进步和动态发展,应着眼于教师的教学改进和能力提高,由此调动师生的积极性,提高教学质量。

(六)导向功能

按照教育方针,课程计划规定的学校培养目标以及各科教学大纲规定的教学目的、任务、内容,是教学评价的基本依据,它们是通过教师的教和学生的学的具体活动实现的。在评价过程中,把师生的活动分解成若干部分,并制订出评价标准。根据这些标准判定师生的活动是否偏离了正确的教学轨道,是否偏离了教育方针和教学目标,有无全面完成各科教学大纲规定的目标和任务,从而保证教学始终沿着正确的方向发展。教学评价有利于各级各类学校、各个专业端正教学指导思想和教学方向。

三、多元评价体系

(一)引入行业企业标准,建立"四维双边"考核评价模式

"四维"即"过程评价+结果评价""校内评价+行业评价""自我评价+他人评价""能力评价+素养评价"四个维度;"双边"即内部和外部两大评价主体,如图 8-1 所示。"四维双边"考核评价模式,使教育教学更加贴近企业和社会的需求,促进学生"人人成才,人人出彩"。

(1)强化过程评价,将过程评价与结果评价结合。对学生作品和工作任务完成质量进行全过程评价,注重过程考核,包括注重学习的态度、方法的习得、

技能的提高和发现问题、分析问题的能力,以及参与合作能力和创新精神。把对学生的评价分散在每个教学环节中,将大目标分解到各章节中,再把各段目标分解为理论知识和技能实践,把理论和实践分散在每个具体的活动中进行考核,以及时了解学生的学习情况,调整教学策略。过程评价在设计评价标准时要考虑两个因素:一是个人潜能的挖掘;二是社会能力的培养。课程学分成绩由多次成绩按比例折算。具体为:学分成绩(100%)=平时成绩(30%)+期中成绩(30%)+期末成绩(40%)。

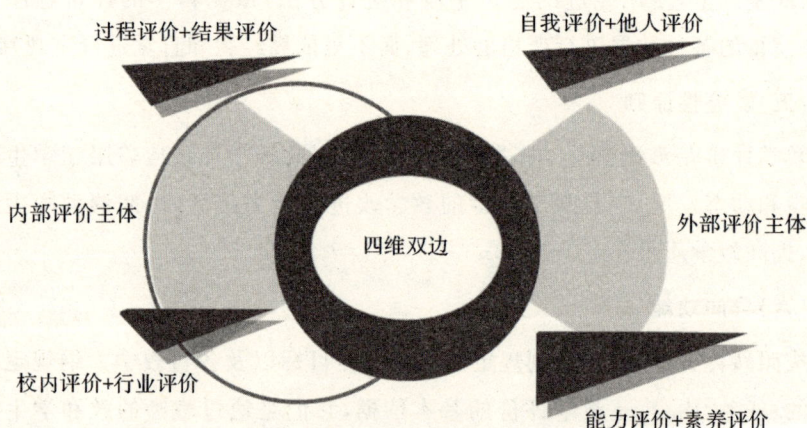

图 8-1　"四维双边"考核评价模式

　　(2)开展准行业化评价,将校内评价与行业评价结合。为更好地将课堂教育内容与实际工作任务的要求相对接,使专业对接行业,引入行业企业标准,进行实践教学的行业评价,主要包括评价情境的行业模拟化、评价标准的企业规范化、评价主体的形式多元化。以展评会的专业主题活动形式,邀请用人单位嘉宾、行业专家对学生的技能作品进行评价,并判断是否符合行业标准。

　　(3)引入自我评价,将自我评价与他人评价结合。将学生的团队合作意识、学习态度等纳入考核过程。既要有个人考核,也要有团队考核;既要有教师评,也要有小组评、自评、社会评。校内学习场所的评价主体为教师(包括学校教师和企业师傅)、学生(学生自评与小组互评),企业工作现场的评价主体为企业师傅、指导教师、同学和学生本人等,实现评价主体的多元化。

　　(4)进行成果展示评价,将学习评价与社会评价相结合。以展示添风采,以评价促发展,提高专业人才的培养质量。通过技能节、职业技能体验周等形式,开展针对技能优异学生的技能水平展示活动,让学生树立学习标杆。搭建"人人赛""技能家长会""毕业成果展"等各类展示平台,组织针对全体学生的技能学习成果展示,不断创设成功体验,培养学生的职业荣誉感,调动学生参与教学、提高专业技能的积极性。

(二)多维度、重发展的多元化评价内容

课程评价内容要体现多维度、重发展的多元化特征,形成课程评价、证书考核、技能大赛获奖、社团活动加分等多个模块。学生自评的内容包括操作规范、实践能力、团队协作和组织纪律;生生互评的内容包括操作规范、学习态度、团队合作和沟通能力。评价采用定量评价与定性评价相结合的方式,尽可能将评价标准量化。教师评价重在对技能要领的评价,企业师傅主要是对操作质量开展评价,即校内教师评价重在操作规范性,企业师傅评价重在质量。评价方法上将过程评价和结果评价相结合,校内评价和行业评价相结合,形成理论考试、实践操作、演示演讲、主题探究等相结合的多元化的评价方式。具体评价内容如下:

(1)主要课程建立符合能力培养要求的考核标准,并向学生公布,使学生知道各门课程对其知识、能力与素质的要求。

(2)根据专业特点与不同课程类型,采取灵活的考核形式,注重专业能力的考核。

①专业基础课:基础会计课堂教学部分的考核方式以笔试为主,并且试题中要有一定比重的实务操作题目,包括填制原始凭证和记账凭证、登记日记账、做明细账和总账、编制报表。以平时成绩的30%计入总评成绩。考教结合,注重学生学习过程的评价和考试内容的综合。

②专业核心课:课堂教学部分的考核采取灵活的考核方式。对部分理论性较强的课程,如"财务管理"采取笔试的考核方式,而对理论和实践要求高的课程,如"财务会计",则采取笔试和操作相结合的考核方式分别对理论和实践进行考核。

③专业技能课:对以操作为主的课程,如点钞、小键盘、珠算采取以操作为主的考核方式,强调学生的实际操作能力。根据证书等级不同给予相应的学分奖励。

④对参加省会计从业资格考试的学生,只要通过考试,就将其成绩界定为优。对参加省、市会计专业技能考试竞赛活动,并取得优异成绩的,给予学分奖励。

（3）实践教学环节包括实验、上机、手工会计模拟实习、电算会计训练、毕业实习、毕业总结、勤工俭学、课外创新实践（讲座、竞赛、社团活动）等，各个环节考核合格，均有相应学分。

案例在线

会计核心课程 ABCD 评价

一、评价方法

ABCD 评价体系将学科评价分解为基础知识部分（A）、基本技能部分（B）（见图 8-2）、能力部分（C）、高水平部分（D）四个方面，用此评价体系可综合测评学生掌握专业知识的程度和动手操作的能力（见表 8-1）。

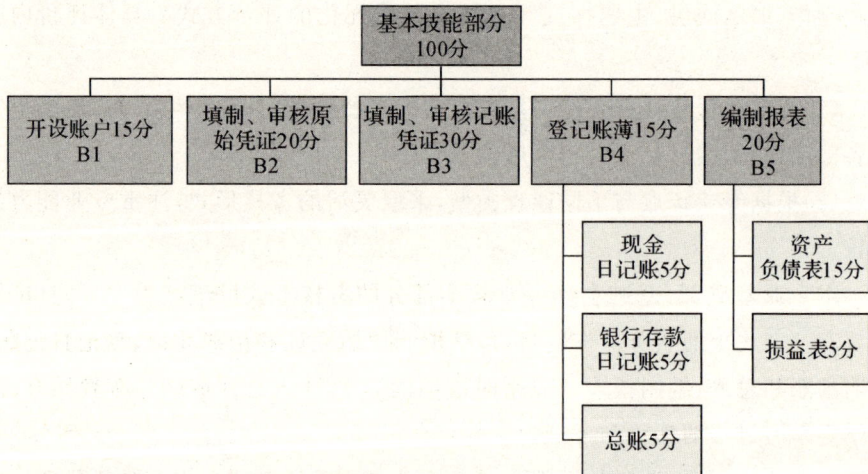

图 8-2　基本技能考核项目构成

表 8-1　ABCD 评价体系

评价的组成部分	测分项目	测分形式	分值
A.基础知识部分	具体简单的认知	理论考核	35％
B.基本技能部分	操作能力	单独操作	35％
C.能力部分	分析能力、解决问题的能力	小组合作	20％
D.高水平部分	掌握程度	财务报告答辩	10％

二、具体操作

A 部分：基础知识部分主要考核的是学生的认知能力，可采用笔试的方式考核。

B 部分：这是考核的重点，主要是检查学生对知识的应用和技能的形成情况，分解为 B1、B2、B3、B4、B5。要求学生单独完成各部分，学生根据自己掌握的情况向教师约定测评时间，教师随时提供学生测定机会，一次不通过再提供第二次机会，依此进行，直至人人都过关。

C 部分：要求学生每组完成一篇财务报告。作为一个合格的财务人员，除要掌握必要的基本功以外，还必须有分析问题、解决问题以及合作的能力。要求学生通过小组讨论对某企业的财务状况进行全面分析，并找出账务处理中存在的问题，提出改正办法和改进方案。

通过小组讨论的办法，平时思维迟缓的学生在思维活跃的学生的带动下激活了思维，思维活跃的学生在教中学，这些学生的知识变得更为系统。同时，观察他们的合作情况，给小组成员打分。促进他们互帮互学，好上加好，而且允许他们对自己的报告作修改，教师对修改后的报告重新打分，使他们对学习永不满足。

D 部分：高水平部分。各组根据所写的报告采用答辩方式，反映最高水平，由此挖掘学生的潜力。在答辩过程中，应注意几个问题：①教师应做好充分的准备工作；②难度不要太大，涉及的理论问题不要太深；③所提的问题尽量涉及实践操作。

通过以上四个部分的分段记分和文字评价，最终对学生形成综合性评价。

三、ABCD 评价的意义和作用

通过实施 ABCD 评价体系把评价分解到各个教学环节中，变"一卷定优劣"的静态评价为动态评价。实践证明，其意义和作用有以下几个方面：

（1）把大目标分成小目标后，学习信心不足的学生也会因畏惧感的下降而产生试一试的欲望。学生有了学习欲望，教学也就成功了一半。

（2）起到和谐沟通的作用。和谐沟通是美国著名的心理学家马歇尔·卢森堡发现的一种沟通方式，和谐沟通能使人们情意相通，心悦诚服。其特点是多观察、少评论，多谈感受、少提要求。常规行为是一连串的小胜利，非一朝一夕之功，而将学习目标和学习评价都分解，教师及时给学生的学习进行评价，这种及时的评价给了学生一连串的小胜利的体验，能起到和谐沟通的作用。这就是培养学习常规行为的有效途径,也正好是学习信心建立的好机会。

（3）产生涟漪效应。涟漪效应是美国教育心理学家杰考白·库宁提出的。它的内容是老师肯定（否定）学生行为,会影响其他目睹此行为的学生,会从被肯定（否定）的学生扩散到其他学生。给学生及时的评价,会对提早达标的学生有一种肯定,对尚未达标的学生来说是一种激励,从而加速整体目标的达成。

（4）使会计操作得到一个客观的测评结果。长期以来,技能教学活动没有一个确切的衡量标准。多次操作结束后,既评价不出学生掌握的程度,也评价不出教师辅导的结果。学生没有向高目标追求的动力,成绩是老师打的印象分,不能反映客观水平,而通过 ABCD 评价体系能克服这一缺陷。

（5）增强了团队合作意识。对学生的能力的评价采用小组打分的形式,学生会在小组中充分发挥主动性、独立性和创造性。与个人打分不同的是,因为有成员之间的思维互动,大家都不希望自己小组的能力分比别的组低,因此查资料、问老师,讨论、合作的气氛很快就会形成,学生的学习就成了共同体一致行为。

总之,通过实施 ABCD 评价体系,不仅能帮助学生掌握基本的知识和技能,更重要的是能引导学生改变学习的观念,学生不再认为学习的目的是应付考试,而认为学习是为了做事。从而树立起正确的学习观,激发学习热情,学习能力、活动能力就会有显著的提高。

"综合实务"课程
——准行业评价模式

为了进一步明确"以就业为导向,以能力为本位,以学生发展为中心"的教育理念,充分落实"教、学、做"三合一的教学模式,通过开展"技能节"活动充分展示学生的技能,营造学校良好的学习氛围,以"引导、展示、促进、发展"为宗旨,做到"人人动手、个个参与",以激发学生的学习兴趣,掀起学技术、练技能的高潮。

一、活动目的

培养学生的技能、兴趣,锻炼学生的专业技能,展示学生的专业风采,提高学生的专业素质和职业技能。

二、活动简介

【项目一　会计技能】

第一阶段:初赛。

(1)活动对象:财会专业 2012 级学生。

(2)活动时间:4 月 25 日上午。

(3)活动内容:单指、多指、小键盘。

(4)活动地点:慎思楼六楼财会模拟室。

(5)考试场次:

第一场:会 121 班第 1~23 号、会 122 班第 1~23 号;

第二场:会 121 班第 24~45 号、会 122 班第 24~45 号。

(6)入选范围:按两点钞、小键盘两项技能各占 50% 折算综合成绩,取排名前 50% 的学生参加决赛。

(7)初赛说明:初赛与期中技能考核二合一,点钞不实行错误倒扣,2012 级全体财会学生参加,不得无故请假。

第二阶段:决赛。

(1)活动对象:上学期获得一、二等奖的 2011 级的 7 名学生(会 111 班 3 人、会 112 班 4 人),初赛成绩排名前 50% 的 2012 级学生(42 人),共 49 人。

(2)活动时间:5 月 3 日 9:40—11:40。

(3)比赛内容:单指、小键盘、多指。

(4)活动地点:慎思楼六楼财会模拟室。

(5)决赛说明:本次决赛成绩同时作为杭州市 2013 年苗子选拔的参考,点钞实行错误倒扣。

第三阶段:展示。

(1)活动对象:决赛获得一、二等奖的学生 12 人,解说员 1 人,共 13 人。

(2)活动时间:5 月 3 日 13:00—14:00。

(3)展示内容:单指、小键盘、多指。

(4)活动地点:慎思楼六楼财会模拟室。

第四阶段:颁奖。

大赛设个人奖:一等奖 4 名,二等奖 8 名,三等奖 18 名。

评比规则见附录 1 和附录 2。

【项目二　沙盘】

第一阶段:比赛。

(1)活动对象:2010级学生48人,2011级学生6人。

(2)活动时间:5月3日9:40—11:40。

(3)活动地点:慎思楼六楼企业沙盘教室。

第二阶段:展示。

(1)活动对象:获得一等奖的团队进入展示阶段,队员6人,另外配解说员1人。

(2)活动时间:5月3日13:00—15:40。

(3)活动地点:慎思楼六楼企业沙盘教室。

第三阶段:颁奖。

大赛设团体奖:一等奖1名,二等奖2名,三等奖3名。

比赛规则见附录3。

【附录1　"西职金手指"点钞比赛】

一、比赛内容

(1)单指单张点钞。

(2)多指多张点钞。

二、比赛方式

(1)单指单张、多指多张均采用散把形式。

(2)参赛选手持钞采用手持式或手按式,不得采用扇面点钞手法。

(3)比赛时间为3分钟。

三、比赛要求

(1)比赛现场有点钞纸和扎条,其他用具自备。

(2)点钞过程需经过抓把、点数、扎把、盖章等环节。每100张为1把,扎把要求扎两圈。

四、比赛成绩评定

1.评点标准

点对一把记100分,零张按点对的实际张数一张记1分。

2.扣分标准

(1)扎把不符合要求(散把、不齐、未居中)的,每把扣20分(错把不重复扣分)。

(2)未盖章或盖章不清晰的,每把扣10分(错把不重复扣分)。

(3)最后一把未捆扎的,按实际点对张数计入总分。

（4）决赛错误倒扣分，直至单项扣至 0 分为止。

【附录2　"爱丁杯"传票录入比赛】

一、比赛内容

传票算。

二、比赛方式

（1）传票算：每任意 20 页指定题号的数字累加为 1 题。

（2）比赛时间为 10 分钟。

三、比赛要求

（1）比赛使用工具采用爱丁数码公司翰林提供的专用设备。

（2）比赛传票采用统一规格的传票本。

四、比赛成绩评定

1.评点标准

比赛成绩由系统自动生成。

2.扣分标准

（1）每组题目中出现漏题、跳页的，该组不得分。

（2）参赛选手若打错页码或者面次，则作 0 分处理。

【附录3　企业沙盘经营六年赛】

一、比赛内容

企业沙盘经营第六年。

二、比赛方式

（1）以 10 人为一个小组，分角色承担供产销、财务岗位，经营企业六年。

（2）取第六年所有者权益数为判断标准。

（3）比赛时间为一天。

三、比赛成绩评定

（1）以正常的经营顺序开展沙盘经营的，判断成绩有效。

（2）以正确的业务核算计量企业活动的，判断成绩有效。

（3）以合规的操作纪律经营、计量企业活动的，判断成绩有效。

（4）前三项合规，按第六年所有者权益数大小依次排序。

以下情况不给成绩：

（1）不是以正常的经营顺序开展沙盘经营的。

（2）不是以正确的业务核算计量企业活动的。

(3)不是以合规的操作纪律经营、计量企业活动的。

手工做账比赛方案

为了提高学生对手工做账的学习热情,提高做账的准确率和速度,会计专业将组织开展会计手工做账技能比赛。现将有关事项通知如下:

一、试题范围及题库整理

1.试题范围

学生应掌握的做账知识和技能。

2.比赛要求

高一:做主要经济业务80笔以上的会计分录;

高二:编制基本经济业务记账凭证60笔以上;

高三:编制综合经济业务记账凭证50笔以上。

3.题库整理

12月11日前完成。

4.赛前辅导

各班任课老师根据比赛范围进行赛前辅导。

二、参赛学生

全校会计专业学生。

三、比赛时间

1.初赛

限时1.5小时。2014年12月30日以前分年级进行,各班选初赛成绩排名前50%的学生进入决赛,决赛名单于2015年1月2日前上报。

2.决赛

限时1小时。2015年1月9日(周四)13:30—14:30。

四、比赛地点

报告厅。

五、监考批改

高一:教师2人,高一学生工作人员6人。

高二:教师2人,高二学生工作人员6人。

高三:教师1人,高三学生工作人员6人。

比赛结束立即批改,当场出成绩。

六、奖项设置

资金总额 1000 元。按总参赛人数的 20％分三个年级设奖。

高一：设一等奖 2 名，二等奖 4 名，三等奖 6 名；

高二：设一等奖 2 名，二等奖 6 名，三等奖 8 名；

高三：设一等奖 2 名，二等奖 3 名，三等奖 5 名。

纪念奖 18 名。

青春形象大赛决赛评分标准

【第一环节　青春亮相（30％）】

一、精神面貌（10 分）

个人形象大方、自信、阳光，仪容仪表符合中学生标准。

二、自我介绍（10 分）

要求脱稿，3 分钟以内，介绍清晰，表达流利，突出自己的个性，展现自己自信、阳光的一面，语言富有感染力。

三、机智问题（10 分）

能够灵机应变，在规定时间内，针对提问，清楚流利地表明自己的观点，体现出良好的语言表达能力，也体现出正确的人生观、价值观，对观众有启发性。

【第二环节　才艺展示（40％）】

由各选手进行现场限时 5 分钟的专业技能展示，项目不限，可以是点钞、小键盘、账簿等各方面内容，台风良好，具有一定的舞台表现力。（40 分）

观赏性（10 分）

艺术性（10 分）

独创性（10 分）

完整性（10 分）

【第三环节　未来畅想（30％）】

（着装可自行设计）选手可以结合自己所学专业，设想自己未来的形象，采用舞台剧形式演绎自己的现在和未来，用诗歌朗诵等各种形式进行表演，要凸显个人的魅力。

舞台形象（5 分）

角色扮演（10 分）

语言魅力（10 分）

合作默契（5 分）

参考文献

[1] E. F. 舒马赫. 心智模式决定你的一生. 江唐, 译. 北京: 中国青年出版社, 2012.

[2] Richard Sagor. 标准时代教与学的激励——激发师生的教学动机. 陈晓霞, 李剑鲁, 译. 北京: 中国轻工业出版社, 2016.

[3] 曾琦, 陈向明. 新课程与学习方式的变革. 北京: 北京师范大学出版社, 2002.

[4] 黛比·西尔佛. 课堂教学——一位美国老师的心得. 陈雪奎, 王玉枫, 译. 哈尔滨: 黑龙江教育出版社, 2016.

[5] 陈玉琨. 教育评价学. 北京: 人民教育出版社, 1999.

[6] 丹尼斯·韦特利. 成功心理学. 顾肃, 刘森林, 译. 5 版. 北京: 北京联合出版公司, 2009.

[7] 董彦旭. 课堂教学心主张. 上海: 华东师范大学出版社, 2014.

[8] 杜威. 民本主义与教育. 邹恩润, 译. 北京: 东方出版社, 2013.

[9] 简志华. 现代学徒制教学模式的几点思考. (2013-03-08)[2017-04-06]. https://wenku.baidu.com/view/37c19410a8114431b90dd8d2.html.

[10] 冷英, 贾德梅. 从成就目标理论看学生学习目标的确立. 华南师范大学学报(自然科学版), 2002(2): 14-18.

[11] 李秉德. 教学论. 北京: 人民教育出版社, 2001.

[12] 李宏飞. 职业化——21 世纪第一竞争力. 北京: 新华出版社, 2007.

[13] 李森, 杜尚荣. 课堂教学管理策略研究. 福州: 福建教育出版社, 2013.

[14] 联合国教科文组织国际教育发展委员会. 学会生存: 教育世界的今天和明天. 华东师范大学比较教育研究所, 译. 北京: 教育科学出版社, 1996.

[15] 林崇德. 教育的智慧. 北京: 开明出版社, 1998.

[16] 林崇德. 发展心理学. 北京: 人民教育出版社, 1995.

[17] 刘金玉. 课堂教学的革命——高效课堂的理性思考与自觉实践. 武汉:长江文艺出版社,2016.

[18] 刘余健. 关于"人的需求层次理论"的思考——兼论"人的和谐需求观". (2016-01-24)[2017-04-06]. http://www.docin.com/p-1438416845.html.

[19] 刘玉静,高艳. 合作学习教学策略. 北京:北京师范大学出版社,2011.

[20] 陆祥. 教和学的互动:会计实训教学方法探讨. 知识经济,2015(23):148.

[21] 麻来军,梁甘冷,杨春帆,等. 构建中职专业核心课程"双师全程共导"教学模式的实践研究. 职教通讯,2014(16):74-80.

[22] 马里松. 杭州市职业教育实践与研究. 杭州:浙江科学技术出版社,2016.

[23] 晨曦,朱萍. 中学生高效能学习的 10 大方法. 北京:海潮出版社,2005.

[24] 马里松. 杭州市职业教育实践与研究. 浙江:浙江科学技术出版社,2016.

[25] 马歇尔·卢森堡. 非暴力沟通. 阮胤华,译. 北京:华夏出版社,2009.

[26] 美国巴克教育研究所. 项目学习教师指南——21 世纪的中学教学法. 任伟,译. 2 版. 北京:教育科学出版社,2008.

[27] 明哲. 高职院校会计实训教学的思考. 产业与科技论坛,2015(23):126-127.

[28] 浅野八郎. 改变人生的 5 个法则与 209 个问题. 路马,译. 天津:天津人民出版社,2011.

[29] 商德远. 让生命之花自主绽放. 南京:江苏凤凰教育出版社,2015.

[30] 施良方. 学习论. 北京:人民教育出版社,2000.

[31] 史平,秦旭芳. 行动导向教学法探索与创新. 辽宁:大连理工大学出版社,2010.

[32] 隋光远. 中学生学业成就动机归因训练效果的追踪研究. 心理科学,2005,28 (1):52-55.

[33] 孙弋程. 论中职会计仿真实训模式下如何整合教育资源,有效培养职业能力. 职业教育,2014(11):16-20.

[34] 王灿明,张志泉. 课堂的突围. 南京:江苏人民出版社,2016.

[35] 王洪乔,胡颖蔓. 校企共建企业大学的特点及作用研究. 科技视界,2013(30):51.

[36] 王帅. 布卢姆的掌握学习理论及其教育应用. 高等函授学报,2007(2):42-45.

[37] 王欣,杨泽伟.关于职业教育信息化及信息化教学设计的探讨.职教论坛,
　　　2014(5):76-78.

[38] 杨佐廷.突破困难成功学习——中学生学习心理辅导.上海:上海科学普及
　　　出版社,2003.

[39]《一生的动力》编写组.一生的动力.陈阳,译.广州:广东世界图书出版公
　　　司,2009.

[40] 赵丽琴.怎样让学生爱学习.上海:华东师范大学出版社,2010.

[41] 郑金州.教师如何做研究.上海:华东师范大学出版社,2005.

[42] 周军,袁振国.教学策略.北京:教育科学出版社,2007.

[43] 周小红.现代社会心理学.上海:上海人民出版社,1997.

[44] 朱增力.职业院校技能创业平台建设的尝试与思考.中国职业技术教育,
　　　2016(7):54-58.

索 引

后 记

做自己喜欢的事情，人才能活得有价值。二十多年来，我潜心于教书育人事业，积极研究、探索中职教育教学，在三尺讲台上寻找和创造自己的人生价值。

从事中职会计一线教学工作这么多年，通过与历届学生的近距离接触后我发现，众多所谓的问题学生，他们的绝大多数问题的根源是不良的心智模式。我想，提高会计教学成效的关键点就在于改善学生的心智模式，并从学生的心理需求出发组织教学，构建活力课堂。在不断的实践和调适中，以心理需求为导向的会计教学取得了很好的成效，赢得了学生的喜爱，提高了学生的生活能力、学习能力和发展能力。我一直想对自己的教育思想与中职会计的教学实践做一个系统的梳理，并编著成书，但因种种原因没能实现。这次在杭州市西湖区教育局的大力支持下，终于完成了凤愿。

《会计心理导向教学》一书主要阐述了教育理念、理论依据、心智改善、教学原则、教学策略、课堂模式、评价机制等方面的内容。在书中，我结合自己对中职教育的认识和思考，对会计心理导向教学体系作了较为全面、系统的阐述。该书采取了理论阐述和教学实践相结合的编写方式，希望该书对同仁们有一定的借鉴意义和参考价值。

该书能出版，要感谢杭州市西湖区教育局、杭州市西湖职业高级中学领导和同志们的支持，还要感谢浙江大学出版社的信任和支持。本书的出版还得到了毛传友、陈掌军、黄胡光等同志的鼎力帮助和支持，在此表示衷心的感谢。

本书是我在教育教学工作之余，利用节假日、夜晚时间编著完成的，水平有限，书中尚有诸多不足的地方，敬请有识者批评指正。

严水荷

2017 年 7 月